8 SEC

关键8秒
高效说服的秘密

[美] 保罗·赫尔曼（Paul Hellman）著　　郭玮 译

You've Got 8 Seconds
Communication Secrets for a Distracted World

湖南文艺出版社
HUNAN LITERATURE AND ART PUBLISHING HOUSE

博集天卷
CS-BOOKY

著作权合同登记号：图字 18-2020-213

图书在版编目（CIP）数据

关键 8 秒 /（美）保罗·赫尔曼（Paul Hellman）著；
郭玮译 . —— 长沙：湖南文艺出版社，2021.6
书名原文：You've Got 8 Seconds
ISBN 978-7-5726-0120-0

Ⅰ. ①关… Ⅱ. ①保… ②郭… Ⅲ. ①说服—语言艺
术—通俗读物 Ⅳ. ① H019-49

中国版本图书馆 CIP 数据核字（2021）第 071622 号

上架建议：经管励志

GUANJIAN 8 MIAO
关键 8 秒

作　　者：［美］保罗·赫尔曼（Paul Hellman）
译　　者：郭　玮
出 版 人：曾赛丰
责任编辑：匡杨乐
监　　制：邢越超
策划编辑：李齐章
特约编辑：李美怡
版权支持：姚珊珊　文赛峰
营销支持：文刀刀　周　茜
封面设计：主语设计
版式设计：潘雪琴
内文排版：百朗文化
出　　版：湖南文艺出版社
　　　　　（长沙市雨花区东二环一段 508 号　邮编：410014）
网　　址：www.hnwy.net
印　　刷：三河市兴博印务有限公司
经　　销：新华书店
开　　本：880mm×1200mm　1/32
字　　数：139 千字
印　　张：6.5
版　　次：2021 年 6 月第 1 版
印　　次：2021 年 6 月第 1 次印刷
书　　号：ISBN 978-7-5726-0120-0
定　　价：52.00 元

若有质量问题，请致电质量监督电话：010-59096394
团购电话：010-59320018

致凯伦

在本书中偶尔会以"我的妻子"的身份出现，

但她一直以来，都是那么重要。

致我的父亲

虽未直接出现在书中，

但是他的智慧贯穿始终。

致我的孩子

丽贝卡和诺亚，

他们一直在教我新的秘诀。

8 秒钟

2015 年，微软对注意力的持续时间进行了研究。结论是⋯⋯？

"现在你的注意力持续时间比金鱼的还短⋯⋯只有 8 秒钟。"

沟通的秘密

这不是什么秘密：首先，你要引起注意。然后，保持住。

关键是如何做到。其中的诀窍就是本书的内容。

——保罗

目录
CONTENTS

PART 1

通过"聚焦"吸引注意力

PART 2

通过"变化"吸引注意力

PART 3

用存在感吸引注意力

你必须读这本书吗？
假如你没时间呢？

我往往在与一个人会面 30 秒之内就会做出决定。

——维珍集团创始人　理查德·布兰森

请注意：其他人正在瞬间内对你做出判定——就是现在！

他们正在决定是否要听你讲话，或者要不要读你的电子邮件，总而言之，就是决定是否要给你一些时间。

"你是发言人吗？"人们有时候在开会前问我。

"是的，"我回答，"至少我想做出那副样子。"

然而真相是，房间里的每个人都在台上，因为我们每天都要展示自己。即使你在家工作，当你接电话说"你好"时，人们也会从声音里推断你的智商、态度等有关你的一切。

你的电子邮件也一样。

问题在于，这些小事并不"小"。

回到我们提到过的会面。如果要先做个自我介绍，一件小事？可能不是。

轮到你了，你说：

1."我叫哈丽雅特。"你的声音很低，就像你被联邦调查局通缉，而你怀疑屋子里一半人都是密探。

音量代表重要性。大声一些，向人们传达出"你说的话很重要"这样的信息。

2."我叫哈丽雅特。"然而在讲话的同时，你不安地摸着你的头发、首饰，或者自己的脸——这些修饰性的手势是不应该做的，尽管比摸别人的头发和脸蛋好一点。

3."我叫哈丽雅特吗？"你的日常发言听起来像句子结尾处抬高声调的问句，仿佛你认为整个宇宙中没什么是确定的，而你刚刚发现，更让你吃惊的是，事实上，你叫哈里特。至少你有可能是哈里特。这样做会让人感到困惑。

这本书的前提是人们的注意力持续的时间太短了，有时候你能得到的就是一瞬间，这些瞬间非常重要。

让我们来抓住它们。

没有时间？

我们来谈谈你的时间。在接下来的 24 小时里，你所在机构的所有人，都要做以下三件事中的一件：

1. 说话

2. 倾听

3. 假装在倾听

你肯定没时间。大家都没有，现在是信息时代，也就是每一天的每一时刻，你身边都充斥着会议、电子邮件和突发新闻。

但是请想想：你的同事和客户也都很忙。为了生存，他们会把不顺耳的东西都筛出去。

我们要确保他们能听到你的声音。

说回这本书：在第 5 页你会看到这本书的用法，不一定用传统的从头到尾的方法来读。

你要快速，你只有 8 秒。

假装在听？

开会的时候，其他人在讲话，你的内心世界可能是这样：

1. 你在想，为什么与会者都带着这么大的水瓶？这个会议要持续多久？

2. 巧克力甜甜圈！桌子上的那些看起来很好吃。但是等等，你在节食。哦，谁在乎这个？

3. 集中注意力，集中，集中。好。

4. 现在，你非常关注"注意力"这个词。

5. 哦，看，一条推文："根据赫伯特·西蒙的说法，大量的信息造成了关注力的匮乏。"

6. 谁是赫伯特·西蒙？

7. 你听到了有关公司将要重组、裁员或出售之类的传闻。这会对你产生影响吗？

8. 是时候再吃一个甜甜圈了。

9. 你为什么要来参加这次会议？那边的人是谁？是赫伯特·西蒙吗？

10. 你刚刚意识到了糟糕的事情，还剩七十九张幻灯片。你想知道现在去疯狂马戏团是不是太迟了？

附言：赫伯特·西蒙是诺贝尔经济学奖获得者，也是最早谈论注意力经济的人之一。

怎样使用这本书？

基于二十五年以上的经验，三种关键策略，包含一百种方法。

我一直与跨国公司的领导者们合作。我的关注点是什么？是如何在利益攸关的沟通中脱颖而出。例如：

生物技术公司的高管们要向数千名员工解释该公司的战略。如果员工们不理解，这些战略就行不通。

消费品公司的领导者需要向高级管理人员动态展示一个复杂项目的成果。该项目耗时一年。听众们想知道，这值得吗？

投资公司的分析师们要告诉一屋子的同事和高管为何要购买某种债券。发言时间：一到两分钟。

挑战总是相同的：如何获得倾听、如何被别人记住并达成目标。我开发出三种策略，并且很有效。

1. 聚焦

2. 变化

3. 存在感

"聚焦"不仅意味着少说话，还要设计出引人注目的信息。我将展示几种方法，包括"快速聚焦法"，这是我与领导团队和各位高管一起使用的方法，可以使他们的信息更具吸引力。

"变化"意味着要"略有"不同。有了变化，日常信息会变得生动，你会知道何时换挡（把宣布变为讨论），用聪明的问题使他人参与其中。

这样如果发表演讲，在最初的几秒钟，你就会脱颖而出。

"存在感"之所以重要，是因为有些人说话你就是喜欢听，而其他人讲话你就不愿意听。然而，"存在感"到底是什么？我们将着眼于十种可以用来立即提高你声望的行为。

本书以快速、有趣和可行的方法阐释这些策略。每个策略都是独立的，因此可以轻松跳读。

让我们开始吧。

通过"聚焦"吸引注意力

如果你要表达重要的观点，不要故弄玄虚或是故作聪明……直击要点。然后回来再说一遍。之后再说第三遍——这是一记重击！

——温斯顿·丘吉尔

第一部分导读

如何设计一条其他人能够听到、能够记住并能让你获益的消息?

一种解决方案是:少说话。例如,告诉他们那些你"不想"说出来的东西。少说话需要练习,我们将讨论一些简单的训练方法(第一章)。

快速聚焦法(第二章)是我与领导团队和多位高管一起设计关键信息的方法。我们会逐步探讨它。

接下来我们会关注在特殊情况下设计的消息,例如,如何在谈论你的成就的时候不显示出炫耀,以及如何告知对方你的困难而又不显推托(第三章)。

文字是消息的原材料,因此,我们将以如何使你的语言(无论是说话还是写作,即使你有写作障碍)熠熠生辉来结束这个部分(第四章)。

| 第一章 |

少说话

缅因州有句谚语说，除非你能改善沉默，否则说话毫无意义。

——美国前参议员、前国务卿 埃德蒙·马斯基

别放太多盐

细节像盐一样，总会加得太多。（如果其他人想要更多，他们会提出来。）不过盐一旦加进去，你就没法取出来了。

想想你的听众想知道什么。当然，每个信息点都很重要，但他们并不想知道，因为没时间、没兴趣，他们要全神贯注于一万件其他事，你要是能不说话，他们很乐意给你一大笔钱。

一位首席执行官问求职者："用三个或更少的字描述一下你自己。"你打算说什么？应该不是"话多还爱来回说"。

那要如何获得关注呢？

"你似乎立即有了二十九个想法，"一位高管对他的一个经理说，"我想让你马上都讲出来。"

有没有得到过类似的反馈？

我与多家公司合作，在进行沟通评估后，高管们会很愿意告诉你他们偏爱的风格。每种风格都有自己的特色。

假设走进办公室，你看到红色。大体上，这意味着："直截了当。然后出去。"

但是大多数高管并不会那么直接。

你的老板可能没有要求你用三个或更少的字，没有对你的二十九个想法做出反馈，也没有在你面前亮红灯。

可能她还没提及简洁的重要性。设想一下。

不要提及你的所有孩子
——超过三个项目的列表同上

想象一下，站在众多的观众面前，只有一分钟的时间介绍自己。其中的风险可想而知。

你在竞选美国总统。

你该说什么，要省略什么？这是你我这些小人物，每天都要面对的问题。

在 2016 年的一次民主党辩论中，一位候选人、美国前参议员告诉我们，他有五个女儿和一个儿子。

不错。

然后他说了每个人的名字，还告诉我们他们的职业。

但是说了两个女儿之后，他停了一下，似乎想不起来第三个女儿的名字了。

目前我只有两个孩子。但是很明显，随着孩子越来越多，在某个时间点（我不知道确切的数字），你的脑子就完全糊涂了。

之后候选人恢复了记忆："朱莉娅！按摩治疗师！"（所幸，第四和第五个女儿都在上学，所以一带而过了。）

然而，这里有个问题，所有的听众都有同样的问题：我们为什么要听这些信息？

有时，在提供信息的时候，细节仿佛是我们的孩子，你和我深爱着他们。我们希望让大家了解他们每一个人。

但是这位候选人的主旨很明确，没有细节："看，如果可以抚养六个孩子，我就能管理一个国家。"

同时，在 2016 年共和党的一次辩论中，一位候选人、现任参议员说，他将裁撤五个联邦机构。然后他逐一把名称讲了出来。

相同的手段。相同的结果。

他两次提及商务部，仿佛在说："不能一次性裁掉商务部。白痴才会那样做。不，我会裁掉它，然后再裁它一次。"

讲话的人，请记住，如果对你而言细节过多，你的听众也记不住。

告诉他们那些你"不想"说的话

人们没说出口的话里面藏着秘密。让我们利用好这一点。

当你问候某人"你好吗?",你会得到一个神秘的答案:"不错。"没人这样回答:"哦,我老婆刚和管道工私奔了,她走了之后,我一直很沮丧。另外,楼上的水槽一直排水不畅。"

但在其他对话中,该透露什么和不该透露什么之间的界限就变得模糊了。我最近在审视一些科研人员的界限,他们正在忙于即将进行的演示。每一场演示都存在这个问题。我们都知道坐在观众席里的感觉。我经常建议客户们想象一下痛苦的牙科治疗。

假设你的演讲是 10 分钟。那是一个 10 分钟的程序。如果你是当天在场的八个人之一,则需要将这 10 分钟乘以八位牙医。

时间真长。

你可能至少听过 272 次《葛底斯堡演说》,它只有 272 个字——两分钟。你不需要找牙医,只需要一位牙科保健员,给你快速清洁牙齿和使用牙线就可以了。

你难道不希望听众认为"会议太短了,我以为还有 37 张幻灯片没讲"?考虑一下,"讲"有不同的方法。

我们应该知道预览(告诉他们你准备讲的内容)和回顾(告诉他们你已经讲过的内容)的重要性,但我很震惊地发现,人们很少利用这些工具。

这里有所不同的是:告诉他们你"不打算"讲的内容。

科研人员会说："我就不把我们进行过的 278 项验证研究中的每一项都讲一遍了。太复杂了。"其中包含的信息是：我们的数据不是虚构的。无论是信息还是去看牙，少即是多。

要少说话，衡量一下

最近，别人送了我一块运动手表。跑步、走路或去最近的医院，手表会测量一切。

有时，在显示数据之前，手表会添加一条评论。但不是总有。

比如星期天，我走到路边去拿报纸。没有评论。甚至连"不敢相信你这么早起床！就该这样！"之类的话也没有。

甚至在我跑了四到五英里①后，手表依然不为所动。只是轻描淡写地评论："做得不错。"我怀疑它在讥讽我。

但是自从有了这块手表，我注意到，我的锻炼时间越来越长。测量行为不是中立的。它可以改变我们的表现。

如果想更简洁，我们就来测量一下。下面是一种可能实现的练习：

➡ 在一对一谈话中，比对方少说话。不要长篇大论，在每次对话中至少问一个引发思考的问题。

➡ 开会时，讲话时长以 30 至 60 秒为宜。首先讲内容提要，随

---

① 1 英里 =1.609344 公里。——编者注

后再展开，有人问再讲细节。你会对 30 秒内能说多少话感到惊讶。

➡ 演讲时，把幻灯片精简到 10 张之内。偶尔，可以一张都不要（有关幻灯片的建议，在第 121 页）。

你明白了。我还想再多说几句，但是按照手表的提醒，我该去跑步了。

多说几句

你可能有相反的问题。一位经理告诉我："我得到了反馈，让我开会时多说几句。"

"你为什么没说呢？"我问他。

"房间里其他人都是行家里手。所以我想，他们为什么要听我说呢？"

会有这样的感觉吗？都会吧。

事实上，这是一个涉及自我编辑的问题。开会的时候，你有一个想法，但在开口之前，你在编辑自己："这真的值得分享吗？"

多年来，身为作者，我曾和多家出版社的编辑们一起工作。他们中有人喜欢鼓励别人，也有人非常挑剔。

有一天，我听到一位由于热情洋溢的评论而备受爱戴的编辑对他的作者说："太棒了！你的整本书我都喜欢。"

与此同时，这位编辑刚刚退回了我的手稿。几乎每一页都布满红色的标记："这里让我很迷惑。""这部分真的有必要吗？""这一整章都要大改。"

因此，编辑们操控全局。我们来谈谈你头脑中的编辑，它决定你说什么，不说什么，它是"思想与言语之间的边界卫士"。

如果你的自我编辑过于强烈，就会产生抑制作用。不妨试试这个：

随便找个话题，不停地说上 60 秒。独自一人的时候去做，比如，开车上班时。

无须局限于某个话题，说什么都行，例如，你的待办事项清单、当前的职业困境或是你对意大利面酱的执念。

说出自己的想法，一直说，别考虑连贯性，即使你的想法就是对意大利面酱没有任何想法。

目标：放松你的编辑器，释放你的自发性。你无法改变自己的性格（为什么要改？），只需调整幅度。

多还是少？提供适当的细节

什么是适当的细节？这是一个需要反复问自己的关键问题。

答案是：取决于你的听众。

想想海明威的《老人与海》里的第一句话。海明威以用词简单和句子精练而闻名于世："一个独自钓鱼的老人……已经 84 天没有捕到一条鱼了。"

如果你是渔民，跟懂得捕鱼的听众讲，他们会想知道更多细节；跟不懂捕鱼的人讲，少说细节。同样，技术型听众通常会喜欢更多细节；对于非技术型听众，少些细节。

顺便说一下，《老人与海》故事的幻灯片是这样的：

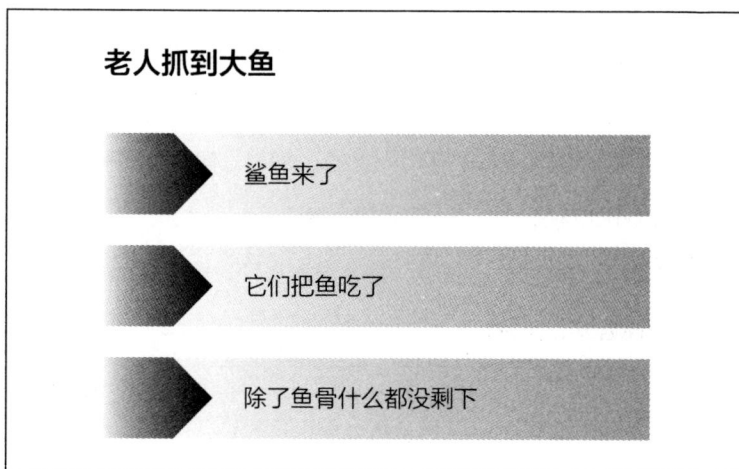

老人抓到大鱼

> 鲨鱼来了

> 它们把鱼吃了

> 除了鱼骨什么都没剩下

海明威选择写小说，而不是做幻灯片。

简洁并不意味着随时随地只说要点。那样的话，你听起来像个战俘，或者是一个以为自己是战俘的毛头小子。

所以要灵活一些。观察你的听众。他们会告诉你适当的细节是什么。当你与某人交谈时，她开始敲铅笔、跺脚或碰你的头，这就是线索。

自我披露多少？压力测试

有风险的披露

当我们的航班在多伦多机场上空盘旋时，机长发布了令人不安的消息。

机长不得不说些什么。我们本来要降落，又急速上升。乘客确实需要他的解释，哪怕是编个故事。

"问题是，"他用低沉的声音说道，"有雾。"对我来说，这是一个相当好的理由。我希望他到此为止。

但他又补充道："其他几架飞机也要降落。让我们看看情况如何。"

突然，我周围的乘客们骚动起来。我的感觉也不太好。我们的机长知道他在做什么吗？

他听起来缺乏信心。"让我们看看情况如何"听起来不像是飞行计划。一个好的计划（如果错了，请纠正我）不应该由其他飞机是否坠毁和燃烧来决定。

（显然它们没有。20分钟后，我们降落了。）

让我们谈谈自我披露。每个人在工作中都有怀疑、挣扎和缺乏安全感的时刻，即使是机长。你应该让别人知道多少？

视情况而定，对吗？你在跟谁说话？在信任对方之前，你可能不会透露太多。反之，开诚布公是建立信任的一种方法。

例如，假设你的经理告诉你，她想成为一个更好的倾听者，并希望得到你的建议。突然之间，她看起来更有人情味、更平易近人了。你很可能会给她好的反馈。

或是一位同事在午餐时坦言自己要挣扎于工作与家庭之间的平衡。你们可能会建立更深层次的关系。

这里还有自我披露的另一个好处：可以有效地表达观点。设想几年后，我们的机长为新飞行员们上一堂课："如何在不吓到所有乘客的情况下让飞机着陆。"

他可能会谈及多伦多的那个夜晚，以及他的不安。他说："即使是经验丰富的飞行员也会怀疑。那天晚上我经历过。"如果你是一名新飞行员，你应该去听听。

但如果是还在空中的乘客，就没有听的必要了。

对于听众，可以用两个问题对有风险的披露进行压力测试：

1. 正面：听众知道后有什么收获？

2. 负面：他们想跳下飞机的可能性有多大？

| 第二章 |

快速聚焦法

我尽量删掉读者想要跳过的部分。

——小说家兼编剧 埃尔莫尔·伦纳德

做听众：回答他们三个问题

大部分消息，口头的或是书面的，都是从谈话者的角度设计而成的。倒过来，想象你是听众，什么会引起你的注意？

有时候，我问听众他们到底在想什么。

他们说：

我正在考虑我的待办事项清单，以及所有我还没有做的事情，我坐在这里，似听非听。

麸质。为什么人人都痴迷于无麸质食品？麦麸有毒吗？我刚吃了一个松饼。它含有麦麸吗？我会死吗？

归结为一个字：我。

问题是，你的听众很可能没有想着你。但是要吸引注意力，你需要想着他们，成为听众。

无论是上班时和一百个人交谈，还是在家跟一个人说话，你的听众总有三个相同的问题。

尽管听众很少会直接问这些问题，但为了吸引和保持关注，它们是你必须依次跨越的障碍：

1. 我为什么要听（或读这个）？

2. 你到底在说什么？

3. 我应该如何处理这条信息？

要让别人快速聚焦你的信息，请回答这三个问题。

听众的第一个问题：我为什么要听？

用目标陈述快速聚焦。

有目标的陈述像一个礼物。用人们看重的东西去立即吸引他们的注意力。这是开启会议、电话或电子邮件的好方法。

几年前，奥普拉·温弗里给每个观众一个神秘的盒子。她说，其中一个盒子里有一辆新车的钥匙。

惊喜——所有盒子里都有钥匙。那天，奥普拉送出了二百七十六辆新的汽车，总价值七百万美元。

想吸引听众吗？你需要一份大礼，它是什么？

你会说："不好说啊，因为我没有二百七十六辆汽车。不过，等等，我倒是有二百七十六张幻灯片，还有一些讲义。"

哎呀！

如果那天你看了奥普拉的节目，她看起来和观众一样兴奋。如果你带着一份很棒的礼物走进去，也会感到很兴奋。

但是你怎么知道是否能收到有用的东西呢？好吧，像所有礼物一样，它取决于收礼物的人——在这种情况下，取决于观众。奥普拉的观众是经过特别挑选的，他们真的需要汽车。

你的听众需要什么？

一旦想清楚了，告诉你的听众。

有力的目标陈述说明了你要谈论什么，更重要的是，为什么要说。从听众的角度，"为什么"很重要。"为什么"回答了听众的问题："我们为什么要听？"

反面例子：假设你代表公司参加招聘会。你说："我的目标是告诉你们，为什么我们的公司是最适合工作的地方。"

好吧，这比说为什么它是最糟糕的要好一些，尽管后者听起来可能更有趣。"我们有些产品不太好用。有的闻起来很糟。我们觉得可能会致癌。"

作为发言人，你的目的可能是推销公司，但是听众很可能已经听过其他二十位发言人说的同样的话。

要弄清楚你的目标陈述，先沉默几分钟。去做听众。他们关心什么？

好吧，在招聘会上，他们可能想知道在你们公司工作的感觉，还有他们是否会喜欢这样的感觉。

好，就从那里开始。"我们的目的是帮助你弄清楚这个公司是否适合你。"

也许适合，也许不适合。但是，如果你帮助听众做出决定，就是给了他们一份礼物。

事实证明，听众没有绝对的理由听你说话。那就给他们一个理由。

如果没有实际的好处怎么办？告诉听众不听你说话的代价

你的提议听起来是这样的："各位，如果听我的话，你们能得到一些好处，也可能避免一些不好的事情。"

假设你正在给心不在焉的听众们讲一些无趣的东西，例如新的规章。你的任务：让他们认真点。

知道这些规章可能没有实在的好处，但是不了解的话，肯定要付出代价。什么代价？

试试在演示文稿的第一页放一张图片：监狱。你可以说："我们今天的目的就是不到那里去。"

不要把目标陈述与议程混在一起

我的客户不开心。他看到我在他的公司里开展了一个为期两天的领导者研讨会，而他只有一句评论。

"你应该给他们提一个简单的问题，多提几次。"他说。

"什么问题？"我问。我真的不知道。这是很久以前的一件事。

那时，我并不认为自己很无知，但是无视自己的无知很可能就是你很笨的主要标志之一。

客户问："这些领导技能跟多卖一些啤酒有什么关系？"

他的问题听起来像："那么，这与鸡蛋的价格有什么关系？"尽管已经听过许多次这样的说法，我从未过多考虑过鸡蛋的价格。显然，有些人鬼迷心窍。

我的客户既不关心鸡蛋，也不关心研讨会的小组。他们是销售经理，他们卖啤酒，他们一天到晚想的就是啤酒。

我的错误是：没说啤酒。

听众们在想什么？假设他们心里想着一万件事，那就是一万个不听你说话的理由。

除非你给他们一个理由。所以，给他们一个有目标陈述的理由。

目标陈述不是议程。所有与我合作过的高管几乎都有自己的日程安排，这很好，但目标陈述更为重要。

议程："今天，我们将讨论杰出领导者的七种做法，三大领导失误，以及最佳领导者早餐吃什么，如果是鸡蛋，价格是多少。"

你的议程是"什么"。意思是："这就是我要说的。"但它没有说出"为什么"。"我们为什么要听？"你的听众想知道，"我们有自己关心的事。"

在告诉他们"什么"之前，先告诉他们"为什么"。那就是目标的目的。（是的，我说了好几个目的，故意地。）

你的目标需要谈及他们的关切

例如："我们的目的是帮助你们销售更多啤酒。怎么卖？通过激励你的员工卖出更多啤酒。通过领导力。"

现在给出议程。然后继续谈论啤酒。

听众的第二个问题：你到底在说什么？

快速聚焦于主要信息。

州长说："你们没人会记得我今天说过的任何一句话。"这是他在我儿子的大学毕业典礼上致辞的开场白。

令人难忘的一句话。另一方面，提出了一个令人困扰的问题：为什么要听？

当然，从技术上讲，州长是正确的。如果你即将大学毕业，已经修了三十到四十门课程，你已经知道自己忘了多少东西。

让我们编辑一下州长的开场白。他可以这样说："你们不会记得我要讲的任何东西。除了一件事情，我们一分钟之内就会讲到它。"

如果这样说，就能制造悬念。然后，你要做的就是"那件事"。

不幸的是，他的演讲里塞进了很多其他内容。例如，州长以致意众人开场：

"老师们、尊贵的客人、普通的客人，那些我们本来不想但又不得不邀请的客人，还有那些我们从未邀请过的客人……嘿，那边那个搞笑的家伙是谁？先生，你来这里做什么？"

好吧，这不完全是他所说的。太糟糕了。致谢是一个标准的开始，就是它让演讲变得很乏味。更好的开场是：用一则逸事或一个问题开始，然后再称赞。

他以号召把"服务与奉献"付诸行动的辞令来结束演讲。这没什么不对的，只是很容易被遗忘。

据称温斯顿·丘吉尔发表过最令人难忘的毕业典礼演说之一，也是最短的演说之一。第二次世界大战的第二年（1941），丘吉尔曾说："绝不屈服，绝不屈服，绝不，绝不，绝不！"

这就是整篇演讲，然后他坐了下来！

至少，在了解整个故事之前，这是一段传说，而且流传甚广！事实证明，丘吉尔确实说过这样的话，不过它们是一段七百多个字的较长的演讲的一部分。

一句话演讲的传说从何而来？

我的猜测是"绝不屈服，绝不屈服，绝不，绝不，绝不！"这是每个人都记得的一句话。丘吉尔必定是以"一记重击"的状态来讲述它的（正如他所建议的那样）。

他知道这就是他要说的事。

要有耐心——不要期望主要信息从烤面包机里自己蹦出来，做好准备

你要弄清楚什么是最重要的，即主要信息；什么是次要的，即关键点。

你的发现过程可能是这样的：首先，你把所有想说的内容进行头脑风暴，把它们写在白板或者便利贴上，别去想如何组织它们。随后，回顾之前的想法，并进行筛选。什么跟什么在一起？最重要的是什么？找到主题或者好的想法了吗？

尝试不同的排列方法。可以将其中一个想法标记为主要信息，随后再做决定，不，它是次要的——只是一个关键点。

最终，你将得出一种模式。可以将经过遴选和构建后的信息想象成这样：

1. 太阳系：想象太阳在中间（主要信息），然后是围绕太阳的行星（关键点），之后是每颗行星附近的几颗卫星（次要点）。

绘制这样的图，可以在纸中央画一个圆圈，把主要信息放置其中；然后把每个关键点放入一个更小的圆圈中，并向外延伸。（这就是所谓的思维导图。）

2. 一棵树：想象主要信息是树干；关键点是树枝；次要点是枝丫。

3. 组织图：显示信息的层次结构，主要信息在顶部，然后是关键点，下面是次要点。

主要问题是知道什么是最重要的。

这样的话，当你走进会议室并想发表一个 20 分钟的演讲时，首席执行官却说："对不起，你只有 5 分钟。"这时，你知道该减掉什么。

因为你了解自己的主要信息。

不要将幻灯片与信息混为一谈

我有时会用幻灯片，有时不用，但有一天，在设计一个名为"管理员工的职业发展"的研讨会时，我陷入了迷茫中。在确定主要信息之前，我不顾一切地投身于幻灯片制作中。我承认，我爱上了幻灯片。

你也这样过吗？把所有信息切割成块放进幻灯片里，然后按顺序排列，直到它们看起来比较连贯。

你的幻灯片做好了。但你没有完成任务，因为缺了些东西。

你的主要信息是什么？（确实，可以在播放幻灯片后说清楚，但那样会浪费很多时间。）

如果你不知道主要信息，那么听众也不会知道，当你播放到第27张幻灯片，说"嘿，看看这张饼状图"的时候，他们在做白日梦。很可能梦到了糕点。

我们说回我的"管理员工的职业发展"研讨会，并确定主要信息。

怎么确定？"做听众"。设想一下，在这种情况下，你是经理。你对员工发展有什么担忧？你关注的问题可能是：

➡ 没有提供晋升或加薪的机会，那是你的员工真正需要的。

➡ 也没有提供任何建议。大多数时候，你连穿什么衣服都决定不了，怎么能告诉别人如何处理自己的生活？

➡ 没有时间。

因此，自然而然，你宁愿什么都不做。

然而，尽管你的担忧是对的，但结论（我无能为力）是不对的。虽然受到限制，但主要信息是要阐明如何培养员工。

主要信息：找到可指导他们的时机。

当然，这个信息需要发展为对听众有意义且可行的东西。

用关键点构建主要消息。关键点可以是关于任务分配的——每次分配任务，就是一个可以指导的时机。可以使用次要点扩展它，任务分配之前、之中和之后该怎么做。

你的思维导图现在是这样的：

➡ 找到可指导的时机

任务

分配前

执行中

分配后

了解主要信息，它赋予你力量。无论有没有幻灯片，你都可以紧紧围绕着它。

对关键点进行排序，便于记忆

假如你想让人们记住中风的预兆。

按照《伯克利健康研究》的说法，中风有五个症状：说话困难；面部、手臂或腿部麻木；视觉模糊；行走困难；严重头痛。

好。闭上眼睛，试着记住这些症状。不太容易。

但是，假如把这些症状换个顺序排列？

这次，让我们尝试以身体自上而下的空间顺序，从头到脚排列：

1. 严重头痛

2. 视觉模糊

3. 说话困难

4. 面部、手臂或腿部麻木

5. 行走困难

一下子就好记多了。用时间或空间排序通常有很好的效果：

1. 时间：按时间顺序排列。例如，下一次面试之前、当中和之后该做什么。

2. 时间：今天，昨天，明天。例如，我们当前（今天）的问题；它是如何开始的（昨天）；我们要做什么（明天）。

3. 空间：从大到小（反之亦然）。例如，对全球经济、美国经济以及我们的个人银行账户的预测。

还记得中风的五个症状吗？好。你可以用不同的方式对信息进行排序，但不能太随意。

当对话很重要（即使很快）的时候，掌握你的主要信息

一位高管最近对我说："着眼于影响力，因为目前你还不具备。"

我们才见面，所以他不是在说我。他打算给一名员工做这样的反馈，但想先测试一下。

我问："影响力是什么意思？"

他回答："就是说，要多与人合作。"

"那又是什么意思？"

这位高管说："开会的时候多发言。"

好的，现在我们找到主要信息了。请注意，在一些文稿中，我们是如何从模糊到具体的。给他人反馈，主要信息就要具体，否则很有可能被误解。

那位高管可以这样对员工说："你很聪明，也有好的想法，所以我一直希望你能在开会的时候多发言。是什么让你不愿多说呢？"然后，他们两个可以讨论相应的对策。

如何测试你的信息？"做听众"。听众们会听到什么、记住什么然后采取什么行动？

（有关反馈的更多信息，请参见第 036 页。）

保持主要信息简短明了——十个字之内最好

我问一位聪明的营销主管："你想说的最重要的一件事是什么？"

她说："我们致力于以顾客为中心，以结果为导向的精简解决方案。"

"我也是。"我说，"谁又不是呢？但这到底是什么意思？"

她说："快速地解决顾客的问题。"

好多了。没人会记得第一个版本（对吗？）。它简短，但并不够明了。然而，第二个版本易于理解和记忆。

关键点在于如何快速解决问题。例如，通过以下操作：

➡ 雇用最好的电话代表

➡ 每周 7 天，每天 24 小时有人值守

➡ 讲话特别、特别快

你的听众不会记住所有关键点。他们可能什么都记不住，但是你绝对希望他们记住你的主要信息。因此，保持简单。

提醒自己：使用简单词汇

有一天，在我主持一个有关管理者沟通的研讨会的时候，有人提了一个简单的问题："我们应该做 A 还是 B？"

我保持中立。但是，我没有这么说，我回答道："我是不可知论者。"研讨会结束后，一位与会者走过来问我，不可知论者是什么意思？

显然，他不知道这个词，或者没有理解我的用意。抑或他想把我转变为只会简单说话的那一派。

你是否曾经把事情变得过于复杂？

有时，我会读到一篇文章，作者突如其来地插入德语单词，如 doppelgänger 或 schadenfreude。

这些词都应该被禁止（德语）。哎呀，我的意思是禁止。我们只用那些简单的德语单词，例如汉堡包，就好了。

8
SEC

使用外来语的基本规则：如果不能吃，就不要用。

说到食物，作家迈克尔·波伦对于营养说过一句简单的话："食物，不要吃太多，主要吃植物。"〔（Eat food. Not too much. Mostly plants.）〕

实际上，这句话里包含三个信息。首先，"食物"是指不吃加工食品。整句话只有七个单词，六个是单音节。

试试这个：使用单词。不要多。多用简单词汇。（迈克尔·波伦的营养建议，2.0 版本。思想食粮）

学习广告用语

尽管没有理由要求你把主要信息做成一句时髦的广告语，我们仍然可以从时髦的广告语中学到很多东西。

1. 像普通人一样说话。

联邦快递承诺："它绝对以及肯定一夜之间到达。"

"绝对、肯定"这部分听起来像是一个真实的人，在为一个真实的包裹担忧。

联邦快递也可以使用前面说过的："我们致力于以顾客为中心，以结果为导向的精简解决方案。"但这会引起大面积恐慌。

2. 专注于一点。

比较一下沃尔玛的这两个口号：

a. "一直低价。一直。"

b. "省钱。生活更美好。"

我喜欢第一个口号。主要的信息是一点，而不是两或三个点。我真的很喜欢重复的"一直"。

出于同样的原因，"纯粹的驾驶乐趣"（宝马）击败了"力量、美感和灵魂"（阿斯顿·马丁）。力量、美感和灵魂构成三个抽象的点——那是洗衣清单，不是一辆汽车。

3. 简洁。

过去一百年中最好的广告标语都是十个字以内。想一想：

安飞士租车："我们更加努力。"

温迪汉堡："牛肉在哪里？"

苹果："非同凡响。"在苹果之前，IBM 的座右铭就是"思考"。

美乐啤酒的一句话："你一直想要的一切……少一点。"

当信息很重要的时候，要多次并以多种方式重复

我出国旅行时最害怕的一件事情是，忘记拿我的护照，或者把它丢掉。也可能是因为太害怕丢掉，我会把它锁在酒店的保险箱里。然后忘了拿。

但是有一次从波士顿到苏黎世出差，我的护照出了另一个问题。我去办理登机手续时，机场工作人员说我不能出行。

她说："您的护照将在一个月内过期。"

"但是几天后我就回来了。"我说。

"这不重要。您的护照是完全不可接受的。"她说。她的语气暗示出她和瑞士都不会对此感到非常失望。

尽管我已经出了几十次国，很显然，护照的使用期限都在十年的前九年半之内。（事实证明，某些国家和地区要求有六个月的余期。）

护照是真的，但有效日期有问题。如果牛奶是这种情况，你永远也不会买。你会说："这瓶牛奶十天后过期，完全不能接受。"

那天晚上，到家后，我对一些朋友和同事进行了调查："你了解护照的这项业务吗？"有些人知道，有些人不知道。（"你确定没有做过冒犯瑞士的事情吗？"）

这件事引发了我的思考：我们如何了解这类知识？或者，要抛出这个问题，假设你需要将与之相似的重要信息传达给广大受众，你要怎么做？

好吧，你可以：

➡ 发表公告：例如，政府可以给每个人发一封信，或者在护照申请表中告知，或者直接标注在护照上："有效期？比你想象中结束得更早。"

➡ 对话：公司可以指示他们的企业旅行代理在预订任何行程前向每个人询问护照的有效期。

代理商会问："那么，您的护照什么时候到期？"然后说："嗯，瑞士有不同的要求。"

➡ 讲故事：平民百姓可以用我的遭遇讲讲警示故事，然后依靠口耳相传或社交媒体广为传播。

每种方法都有其局限性。通常，我们认为发布一个公告就足够了——仿佛只要我们说了，其他人就能听到并记住它。

肯定有人对于护照的这项业务宣布过什么，但是我没听见。就算我听到过，也没记住。

公告的保质期是多久？比牛奶还短。

听众的第三个问题：我应该如何处理这条信息？

号召行动的快速聚焦。

有时你参加一个会议，只是去更新信息。没人想让你用这些信息做什么，只是想告知你而已。

更新信息的会议偶尔很有用。但是，如果大多数会议都是这样的话，你会想：这真的能最好地利用时间吗？

行动号召详细地说明了下一步。通常是有关"做"事。如果名不副实的话，那么下一步可能是"思考"或"感受"。

假设你是首席执行官，在一周辛苦工作后来更新信息。你的行动号召可能是：

- ➡ 要想什么："如果只记得一件事，请记住这个：我们的法律部门是行业内最棒的。"

- ➡ 感受什么："为我们所有目前没有出现在集体诉讼中的产品感到自豪。"

- ➡ 要做什么："多买些股票——价格不会跌得更低了。"

用动词来号召行动

假设你要做讲座，一个关于在开始项目、会议或充满挑战的对话之前，制定基本原则的重要性的讲座。

比较这两个结尾：

1. 基本原则很好。

2. 使用基本原则。

第一个是观察报告。基本原则很好，但是其他很多事情也如此。目标很好，待办事项清单很好，喝牛奶也很好。第一个差不多像是一张贺卡。

第二个是指令。它有力量。

快速聚焦法：总结

关键原则：做听众。

演讲者从自己的角度设计了大多数消息和演讲文稿。反过来，设想你坐在观众席里，什么能引起你的注意？

每个听众都有三个问题	要回答这些问题，请使用以下工具：
1. 我们为什么要听？（哪些内容对我们有帮助？）	1. 目标陈述
2. 你到底在说什么？	2. 主要信息
3. 我们应该如何处理这条信息？	3. 行动号召

关注开头、主体和结尾：

a. 开头

目标陈述：回答听众的第一个问题：我们为什么要听？

目标是诱饵，它可以吸引听众的注意力。

示例："我们的目的是提升你每次说话时的能力和信心。"（本页上的所有示例均出自我的"活力演讲"工作坊。）

日程表：日程表告诉你如何完成目标。

示例："我们将练习如何设计和传递具有活力的信息。"

b. 主体

主要信息：回答听众的第二个问题：你到底在说什么？

如果听众只能记住一件事，那件事是什么？

示例："那件最重要的事是……能量。"

保持主要信息简短——十个字之内。

➡ 关键点

关键点彰显你的主要信息。

示例："在设计一条信息的时候，'能量'意味着要聚焦于听众，以及他们为什么要听。当你传达信息时，能量意味着变换你的肢体语言，变化你的声音。当你感到不安时，能量意味着接受你的焦虑并利用它。"

c. 结尾

行动号召：回答听众的第三个问题：我们应该如何处理这条信息？

用有力的字符结束你的演讲。下一步是什么？听众应该怎么做？

示例："出去做练习，练习，练习。然后，做更多的练习。"

注意：如果不用行动，那号召也可以是：思考什么（例如，"如果只记得一件事，请记住……"）或感受什么（例如，自信……或兴奋……或骄傲等）。

---

8 SEC

有一天，美国总统给我打电话。我没在，所以他留了言。我们来评论一下。

他是一位熟练的沟通者。我们来分析他的优缺点：

1. 简介：他开头说："你好，我是总统。我很少打这些电话，很抱歉冒昧地打扰你。"

优点：如果您是总统，您确实应该提一下。增加可信度。

缺点：道歉。很多人用免责声明做开场白。他们说"我很少这样做""我还没准备好"或"我真的不在这里工作"。

我的建议：不要。

2. 目标陈述："我不得不和您谈谈马萨诸塞州的选举，因为它事关成败。"

优点：讲话时用到"您"是一个很棒的词。它让说话的人专注于听众。

缺点：不幸的是，他强调了"选举"一词。如果他强调了"您"（"我不得不和您谈谈"），那听起来会更加人性化。

我开始怀疑，他真的知道我是谁吗？还是他给马萨诸塞州的每一个人都打了电话？

3. 主要信息：总统认可了参议院的一名特定候选人。

优点：一条主要信息不超过十个字是非常重要的。三个要点支持主要信息，恰到好处。三是个好数字：三击之后，你出局了；一天三餐；三个臭皮匠。

这是三个例子，我还可以继续。

4. 行动号召："许多人没有意识到周二有选举。他们没有意识到它的重要性……所以，请出来投票吧……"

优点：明确、具体的行动。

缺点："许多人没有意识到"可能是一个很客气的说法，其中的含义是很多人完全是白痴。另一方面，我已经知道要选举，所以我感觉还行。

最后一件事：总统忘了留下他的电话号码。他可能想知道为什么我没有回电话。

| 第三章 |

其他三种聚焦方式

一切都应该尽可能简单，而不是更简单。

——阿尔伯特·爱因斯坦

只有一分钟？从结论开始

假设你的工作是分析债券。你在一家跨国资金管理公司工作，每天早上都要与三十多位同事和高级管理人员一起参加快节奏的会议。

你最多只有一到两分钟来谈论某种债券。

听众想知道的是：我们要买这种债券吗？或是不买？买或不买的理由是什么？他们不想知道的是：与之无关的细节。

听起来简单，但需要技巧和实践。

我的一个咨询项目是与这些分析师合作。我问过主持早间会议的首席投资官比尔·亚当斯："好的信息听起来什么样？"

"简单的，"比尔说，"首先，告诉我你的结论。然后说说你如何得出这个结论。之后再给出你的结论。"

下次与高级主管讲话（或写信）时，从结论开始。

谈论你的成就？讲个故事

迟早会有人问你有过什么成就。各种场合：工作面试、业绩考核、假释听证会。

那么，什么可以算作成就？想想以下几个：

a. 起床（在你感觉非常困倦的一天）

b. 赚一百万美元

c. 进行脑部手术

一项成就需要三个要素：障碍，熟练的行动，结果。换句话说，你采取行动，克服障碍并取得结果。以这个标准，上面列出的几项没有一个达标。

A. 起床有障碍，很多障碍，但仅此而已。

B. 赚到一百万美元可能合格。但是，也许是你把一千万美元的生意给弄砸了。或者你中了彩票。

C. 脑外科手术听起来令人印象深刻。当人们试图打消你对其他任务的顾虑时，他们会说："瞧瞧，这又不是脑外科手术。"这会使你平静下来，除非你碰巧是个脑外科医生：

医生：那么，今天有什么日程安排？

助手：10 分钟后，您要做脑部手术。

医生：哦，不!

脑外科手术是一项成就吗？嗯，结果如何？你真的把大脑重新放回到头颅里了吗？怎么做的？

想用你的成就打动别人，给他们讲故事。但要保持专注——使用首字母缩略词 SOAR。

S 是情景，就是你讲故事的环境。OAR 指的是我们之前提及的三要素：障碍、行动和结果。这三项能拉动你的成就。

例如，假设你在一家公关公司担任财务经理，而你正好是我的女儿，那个时候刚刚大学毕业。你的成就可能是这样：

➡ 情景：需要对重要客户展开公关；几经努力，还没有人成功过。

➡ 障碍：媒体很少报道这个客户，相关的几个记者都被分配了别的工作。

➡ 行动：确定新的媒体目标，发展关系，并坚持下去。

➡ 结果：为客户的首席执行官举行了两次重要的媒体会议。客户非常高兴，他们增加了公关预算。

SOAR 会聚焦于你的故事。如果讲述做过的事情，你不是在吹牛，只是在汇报而已。

记住，这不是脑外科手术。

提供反馈？尝试 XYZ 格式

"我的脖子，"经理说，"在断头台上。"

这位经理在影响力方面有问题。这次涉及他的项目团队，团队没有向他汇报，而他要对结果负责。

我要指导他该如何发言。他的初稿："项目弄砸了，我快疯了，因为我的脖子……"

几年前，我从一本很棒的书——《人际交往技巧》中学到并整理出了一种表达自己想法的方法。格式（调整后）是这样的："当 X 发生时，我感到 Y，由于 Z。"

X 是问题；Y 是你的反应；Z 是事业压力。

让我们来评论一下断头台上那位经理的 XYZ：

X："当项目弄砸了的时候。"

好处：他的 X 避免了攻击或指责。他并没说："当你把项目弄砸了。"

坏处："项目弄砸了"是什么意思？

我脑海中浮现出了变质食品。它像考古遗迹一样，深埋在办公室的冰箱里，已经无法辨认了。

你在想，这东西属于哪类食物群？

最好别再想了，不管是食物还是信息。

我们具体点。经理真正的意思是："要是我们错过最后期限。"

很好，就那么说。

Y："我快疯了。"

好处：说出自己的感受会告诉其他人这个问题很重要。

坏处："快疯了"在工作中显得太过情绪化了。就像在说："我们错过最后期限的时候，我感到被你们抛弃了。"

太沉重了。

什么是适用于工作中的情感？试试"关切"。

你会担心项目延期，担心客户不高兴，担心在绝望的时刻，你很可能会吃掉冰箱里的神秘食物，然后中毒而死。

"关切"是优雅地考虑所有问题，而且没有任何理由。

Z："因为我的脖子很危险。"

好处：真实。

坏处：事业的影响应该大于身体的任何部位，或者你个人的外表。

更好："因为我们的声誉处于危险中"或"因为，如果我们错过最后期限，会损害到我们的客户"。

我们把 XYZ 放在一起："如果我们错过最后期限，我担心会对客户造成影响。"

那是重点。

| 第四章 |

注意用词，还有电子邮件

问：机舱服务员永远不能说的一件事（是什么）？

答："很不幸。"在捷蓝航空，我们说"事实证明"。

——采访捷蓝航空首席执行官　罗宾·海斯

（《华尔街日报》，2016 年 8 月 10 日）

我不信任电子邮件。我是个老派的姑娘。我更喜欢打电话和挂电话。

——卡丽·布拉德肖（摘自 HBO 台的《欲望都市》）

避免术语

"您想了解其中的十六种风险吗？"销售人员问我。"不是很想。"我说。我给一家知名公司打这个电话的初衷，是想得到一份有关家庭保险更低的报价。我的保险该续签了。

然而，销售人员的策略使我感到惊讶。他问："您目前的保险是 HO-3 还是 HO-5？"

我不知道。HO-3 听起来像吼——吼——吼。这是行业术语，对保险经纪人来说有意义，但对其他人来说是官话。

他说："我先给您讲讲 HO-3 包含什么。"（十六种风险！）"然后，您和我可以一起好好想想，看还缺什么。"

集思广益在购买保险的时候是靠不住的方法，有点像在智力竞赛节目里问："猜猜这份保单遗漏了什么？没错，洪灾保险！"

也许这是销售保险的一种好方法，面对现实吧，当想到房屋被人肆意破坏、被烧毁或被龙卷风席卷的那一刻，你肯定想买大额保险。

最终，他把十六条风险读了一遍。我发现没有提到蛇。这太令人失望了。避免与蛇遭遇会让我很想买保险，一份保证免受蛇类攻击的吼吼吼保单。

我决定再找一家报价。

下一个（也是最后一个）销售人员并未提到 HO-3，也没提及十六条风险。但她的确问了至少十六个关于我的房子的问题。

她传递出的信息是：我们会全面了解您的住所，因此可以为您提供适当的保护。（做听众）

我接受了。尽管这与蛇无关。

避免首字母缩略词

有一天，我看到了首字母缩略词 HOMES，它用来帮助人们记住五大湖。

我完全记不起 HOMES。事实是，我不会经常想到五大湖。它们显然很重要，我们又为什么要记住它们？

即使看到了 HOMES，我还是无法把它们都说出来。我决定做些研究。

"你能把五大湖一个个说出来吗？"我问我的妻子。

她很快把五个都说了出来。

"你怎么做到的？"我问。

"很简单，"她说，"HOMES。"显然，有些缩写词对某些人有用。

HOMES 对我而言与湖泊无关，除非你的房子被洪水完全淹没了——"亲爱的，我们得离开这里，所有房间都像湖泊一样！"——或者你碰巧住在船坞上。

五大湖区（Great Lakes）的首字母缩写词应该与它有相关性，比如，水（WATER）或者溺水（DROWN）。这两个词都不错，不过我们不得不要重新命名大多数湖泊了。

首字母缩略词就是这样：它们通常是强制匹配。

但是其中一些还是有道理的。SMART 阐明了有效目标的五个标准（具体的，可衡量的，可实现的，相关的和有时间限制的）。没有强行匹配，"明智的"（smart）目标听起来很正确，放之四海而皆准。

我喜欢 SOAR，在前几页刚刚用过。

MADD（反对酒后驾车的母亲们）尽管拼写错误，仍能使用。MADD 这个词具有情感性，令人难忘，是适合于这种罪行的情感。

我还对房利美（Fannie Mae）和房地美（Freddie Mac）情有独钟，它们是有创意的首字母缩写词（实际上是昵称），听起来不像抵押贷款机构，倒更像是在跳广场舞时结识的一对招人喜欢的夫妇。也许是在五大湖附近。

然而，总的来说，世界上到处都有首字母缩写词，据 acronymfinder.com 网站称，有超过五百万首字母缩写词。拿起任何一本商业书籍，你一定能碰到一些很糟糕的缩略词。

谨慎使用首字母缩写词。并非所有人都喜欢它们，有些人听到一个，就感到不自在。

使用有力度的词

"感谢您多年的服务。"最近一位经理对我说。

不幸的是，他所说的并非我的服务年限，因为我们几分钟前才见面。

我之前要求他，和我主持的工作坊里的其他经理们一道，写一个可以激励员工的信息。

这位经理的信息中存在的问题是：被动语态。我们不知道谁在表达感谢。唯一值得感激的是时间。显然，他的员工在年复一年、年复一年地打卡。

向这位员工传达的更有力的信息是："我非常珍视你的专业和技术水平。"

"例如，上周当你……"（提供一两个示例）

信息中的力量有多强大？

写作中使用被动语态，会让句子失去生命力。然而，被动语态不只是个写作问题。

你说话时用被动语态吗？

让我们看看下面的四个例子，是关于亨利，一个假想出来的银行抢劫犯：

1. 亨利说："我想抢银行。"

从写作的角度来看，没问题。但是说出来的话，语气很弱。

"想"说明亨利永远不会抢银行。他可能都不会走进银行，甚至不会使用自动取款机。很快，亨利会找你借钱，还说他会尽快还钱。

祝你好运。

2. "银行被抢了。"亨利说。

被谁抢了？这是经典的被动语态。亨利没有出现在句子中。当然，他抢了银行，但现在他拒绝承担责任。

3. "我那愚蠢的老板让我去抢银行。"亨利说。

你是否只想走上前去，跟亨利握手，然后说："亨利，看在上帝的分上，不要责怪公司的其他人了。要对自己的生活负责，老兄。"

4. "我抢了银行。"

最后，亨利说话时用了主动语态。

十到二十年后，亨利出狱的时候，也许他的老板会在那里感谢他服刑多年。

你是领导者吗？当然。那么像领导一样说话吧。不是说"有人犯了错误"，而是"我犯了错误，我正在改正"。

否则，你把其中的能量窃走了。

上班时候说脏话？

8
SEC

美国的一位首席执行官因"言语粗俗"受到董事会指责。在国外吃早餐时，我看到这个事件。

早餐是有多种选择的自助餐，旁边桌子的女士看起来内心很挣扎。她的初衷是高尚的：炒鸡蛋和几块米糕。米糕，如果你从没吃过的话，口感类似于咀嚼聚苯乙烯泡沫塑料的包装材料，但热量比较低。

她一点点吃着炒蛋，一点点吃着米糕，然后把盘子推得远远的，站了起来。

过了几分钟，她端着新的一盘回来了，盘子里放着一摞煎饼和几块多汁的培根条，看着就很美味。

要是弗洛伊德也在那儿的话，他会看到所谓的"本我"（原始冲动）和"超我"（自律，可控的部分）之间无休止的斗争。

上班时说脏话的问题就在于你有一个松懈的、失控的本我。但是工作是受控的，始于每天早上闹钟响起——哦，不！——然后你要强迫自己起床。

这是否意味着你就不该说脏话，你应该随便吃而不是只嚼那个自律的米饼——就像口头节食？

在有些公司，说脏话是常态。一位女高管告诉我，她的男同事们过去常常指责她不说脏话。她最终辞职了。

让我们假设，在你工作的地方说脏话不是常态。想想你的选择：

➡ 冲着别人说脏话。这很简单：不要。

➡ 说脏话以求给他人留下深刻印象。心理学家戴维·麦克莱兰指出，对权力有高度需求的人经常使用挑衅的语言。

这样做的动机只是为了获得反应。别人是否喜欢你或者你的语言并不重要。

或许应该这样做。

➡ 在某种情况下说脏话。心理学家史蒂文·平克说："礼貌在生活中的有些时刻已经过时了。"

想象一下糟糕的一天。首先，你的电脑崩溃了。然后，股市崩溃了。然后飞机坠毁了。在某些时候，你会说出比"该死的"更激烈的话。

但问题是，如果你是领导者，那么人们会关注你的一切，从你的思想到你的言谈。

你所做的一切都传达出你的标准。

大脑短路？试试这些词

假设演讲了一半，你突然想不起来某个词，或者没了思路。可能你把整条路线都弄错了。

太正常了，所有人都遇到过这样的事。

因此，你要找一个填充词，比如"嗯"。偶尔用个"嗯"不是什么问题。没人会注意到，除非出于某种原因，他们计算你说的每一个"嗯"，我承认，这是一个有趣的习惯。

但你不要有这种爱好。

做到不说"嗯"不是你毕生要追求的目标。实际上，如果你从不说"嗯"，倒像是在照本宣科，还像个机器人。我们的目标是：让你说的"嗯"处于监控中。为数不多的"嗯"不会被发现的。

还有更糟糕的填充词。例如，"好像"或者"你知道"。更糟糕是因为它们会更快地被注意到。来看看"好像"。

有效用法："这个吃起来好像土豆沙拉。"

对我而言，我想知道这是否真是土豆沙拉，或许它本来是完全不同的东西，例如苹果卷，然后开始走下坡路。

但是从使用的角度看，是可以的。

糟糕用法："我告诉女朋友，我好像真的爱她，她好像'我好像也喜欢你'，而我好像'我不想被别人爱。实际上，我好像真的很不喜欢那样'。"（"好像"出现了五次，只有两次用对了。）

现在，我们来看看"你知道"。

有效用法：假设你去参加聚会，主人说："你认识多萝西，对吧？多萝西给大家做了很棒的土豆沙拉。"

你一边说"你知道，我当然知道多萝西！"，心里一边在想"多萝西？多萝西是谁？"。

糟糕用法："你知道，当想不起来某个人的时候，会很尴尬，你知道吧？"

两个"你知道"都是没必要的。如果我们说"当你想不起来某个你认识的人时，会觉得尴尬"，那就好多了。显然我们在谈论多萝西。

有一些比"嗯"更好的词。试试下面这几个填充词：好吧、现在、所以、还有。

例如，"嗯，你就是多萝西吧"变为"好吧，你肯定是多萝西"。

你可能过度使用任何词。有时我也会。其他人也一样。"所以"《纽约时报》报道说，这是一个新的开场白。

然而，不能因为每个人都这么说，就这样做。换句话说："那又怎样？"

最终，你可能想不用填充词。最简单的方法是，当不确定接下来要说什么的时候，请暂停。暂停标志着你是一个冷静的专业人员。

即使感觉有些奇怪，就像刚刚吃了一些味道怪异的土豆沙拉。

写得不好 / 使劲写

"我有写作障碍。"一位高管告诉我。她要对五百人发表一个五分钟的演讲，但是她还没写出一个字。

然而，她知道自己不想写什么。

"我不想用陈词滥调，不想说空话，也不想说无聊的话。"她说，"不能太夸张，也不能太像经过了排练。还有，我不想穿错鞋子。"

这就是问题所在，此事与穿鞋无关。她的大脑编辑器失控了。

大脑编辑器？还记得我们之前讨论过的那个（第 008 页，"多说几句"）吗？写下来的或者说出来的所有内容都必须非常好，这是一种本能的关注。拥有大脑编辑器至关重要，除了一件事：它会在创作的早期阶段把事情搞砸。

即使对已经有所成就的作家来说，写作也很困难。"与写作的斗争结束了。"写过三十一本书的作家菲利普·罗思在给自己的便笺上写道。他在即将八十岁的时候，终于决定退休。"我每天早上都看那张字条，它赋予我力量。"

任何人写任何东西（报告、建议、祝福）时，都明白这个斗争的意思。

我买生日卡时会做思想斗争，尽管买生日卡的全部意义在于让别人去表达你的情感。

但是你还是要写点什么。

写作斗争的解决方案始终是相同的：在纸上写点东西——什么都行。聊胜于无。

如何开始？

➡ 不停地写（类似于之前有关不停地说的建议）。设置一个时限，比如，五分钟，然后保持双手在键盘上敲击，或者用笔在纸上写，即便只是写了：

a. "无话可说。真的一个字都没有。而且，我还是没什么要说的。"

b. "保罗的建议完全没用。"

c. "生日快乐，你四十九岁了！再过一年，你会死掉！祝你今天愉快。"

➡ 说出来。不用写，对着智能手机里面录音的应用程序说，或者给自己留一条很长的语音邮件。有时候，说比写容易一些。但要不停地说。

➡ 投入地乱写。把它设置为你的目标。你写得越糟（拼写错误、语法错误、思想不连贯）越好。

放任自己瞎写的时候，你会放松下来，文思如泉涌。之后，而不是之前，你有了可以编辑的内容。

所有的写作都是重写。这是我得到的关于写作的最佳建议。不过，首先你得写点东西。先创作，再编辑。

十条帮你改进电子邮件的建议

1. 用主题栏吸引注意力

"你想跟被判有罪的恶棍约会吗？"最近的一封电子邮件问道。

这是一个有趣的问题，掺杂着浪漫和危险。我还真想把它从垃圾邮件中挑出来，然后读一读。

但我并没有这样做。

别人为什么要读你的电子邮件？从所有人的收件箱里有一千封电子邮件开始，他们就有一千个不看的理由。

每封电子邮件都争相吸引注意力。提问是发件人的手段之一。

2. 更新主题栏

"我们推迟今天的通话。"该主题栏（一个今天晚些时候并没有被推迟的电话）原本是为上周那个被推迟的电话而写的。然后就没有更新过。

更新主题栏就像换内衣。至少每天一次。

3. 管理情绪

一位读者给我发来电子邮件："我刚刚读了你的愚蠢的、愚蠢的建议。"显然，他对我的作品不感冒。"真不敢相信写出如此愚蠢的东西，还把它出版了，你居然自我感觉良好。"

请不要在生气的时候发送电子邮件——设想一下你的邮件将转发给所有人并一直留存在那儿——即使你生气的原因是收到了那么多愚蠢的、愚蠢的电子邮件。

4. 不要给所有人发电子邮件

2015 年，每天收发的电子邮件数量是 2050 亿。你可能觉得自己收到了其中大部分。

全部回复吗？请不要。

5. 避免使用大多数缩略词

J= 开玩笑；IJ= 我在开玩笑；YMBJ= 你在开玩笑。

YMMV，意思是"见仁见智"，更随便的说法是，"你们的结论可能会有所不同"，是"当今最受欢迎的俚语"。

例如："无论什么时候我跟一个被判了刑的恶棍约会，都够刺激的。见仁见智。"

你以为所有人都知道这些缩略词？你在开玩笑。

6. 跟进

给别人发了电子邮件，没有收到回复。不要以为别人已经收到、打开、阅读、理解还记住了它。

也不要以为他们出于个人原因或是任何其他原因而没有回复你的邮件，他们只是每天被淹没在 2050 亿封电子邮件的洪流中而已。

因此，几天后再跟进。尝试一下其他方式（参见第 7 条）。

7. 考虑打个电话

是的，发送电子邮件很快，但是有时候打个电话，或在走廊里简短地聊几句的速度更快。

有时将便笺放进漂流瓶里，然后丢进大海都比整天来回发电子邮件更快。

也别忘了老式的信件。没有人再寄信了，也就意味着没人会收到 2050 亿封信。人们会读你的信。

8. 回应

快速回复电子邮件。哪怕只是让对方知道你不会很快答复。

9. 调整风格

发送电子邮件时，你会从两种文体中选择其一：书信体或者短信体。

a. 如果你是像我一样使用书信体的人，你会用问候语和结束语装扮电子邮件。你会合理地分段写作。我通常以"你好"开篇，这是"亲爱的"的电子邮件版本。我怀念"亲爱的"。

b. 如果以短信体写邮件，你不会写"你好"或者"亲爱的"，可能偶尔会用个"喂"。

如果你给我发电子邮件"你好，保罗，我刚刚读了你的愚蠢的、愚蠢的建议。谢谢！"，这听起来比"嘿，蠢材"温暖多了。

重点是因人而异调整你的文风。如果你发给我的电子邮件以"亲爱的"开头，我也会回复"亲爱的"。如果你跳过问候语，我也照做。

10. 编辑，编辑，编辑

在第一句或第二句话中说出要点。如果还有其他信息，考虑添加一个名为"细节"的段落。

例如，未来几年我不在办公室。

细节：昨晚，我和一个被判了刑的恶棍约会（他刚刚越狱），经过一整夜刺激的飞车追逐，我们最终进了墨西哥监狱。如果表现良好的话，我会在五到十年后回到办公室。

好，你不在办公室。那是要点。

| PART 2 |

通过"变化"吸引
注意力

回头想想，我在各种各样的事情上的表现都很糟糕。

——作家、制片人、导演和演员　乔恩·斯图尔特

第二部分导读

变化使人清醒。我们要好好利用它。

"稍有不同"（第五章）是说改变自己的风格，不会有损害名誉的风险。例如，可以改变自己写作和说话的速度，或者使用三种不同的方式去说服别人。

你曾经尝试向其他领域的人介绍自己的职业吗？试试类比法——它是解释一切事物的最佳方法之一（第六章）。

讲故事是另一种脱颖而出的方法。但你的故事需要与工作有关。这就是我的简单 2.5 步法（第七章）。

有时候，讲话时最能吸引注意力的策略是不说话，然后让其他人参与进来。但要知道哪些内容可供讨论、哪些不可以，许多领导者在这个问题上出错（第八章）。

还有一个吸引他人的方法是提出机智的问题。每次提问，都是一个 8 秒时刻。其他人会用问题评估你。我们将讨论如何提出最佳问题，以及如何回答最糟糕的问题（第九章）。

变化在所有交流中都很重要，但在演讲中最具决定性。让我们用一些技巧来为你的下一次演讲提供能量，其中包括如何开场、如何掌控局面以及你为什么一定要谈及食物（第十章）。

| 第五章 |

稍有不同

他的袜子吸引了人们的注意力，同时又不失人们的尊敬。

——作家　H.H.芒罗

做那个换灯泡的家伙

有一天，我正在一个研讨会上演讲，突然有个陌生人走了进来，打开梯子，然后爬向天花板。不是逗我们玩，他需要修理一盏灯。

尽管如此，我们一直盯着他看。他像在马戏团里表演。

是什么让他具有如此的吸引力？变化，他打破了研讨会的正常秩序。当然，我们以前也见过别人修灯，但不是那天。此外，他有个梯子。永远不要低估一件好道具的力量。

但是几分钟后，他仍然在做同样的事情，我们失去了兴趣。

回想起来，他真应该丢掉梯子，在一群杂技演员或是一群野象头顶上来一段表演。我们能多看一会儿的。

变化！为什么行得通？好吧，在亿万年前的丛林里，如果你听到灌木丛里沙沙作响，但决定不理会它，就会被吃掉。作为幸存者的我们，天生就能注意到变化。

所以，用变化来吸引注意力吧。否则的话，无论有没有梯子，听众们都会溜走的。

但是，假使你不想与众不同怎么办？

适应不安

工程师们告诉我："您要我们做的事情行不通。"

我正在鼓励他们在演讲中加入一些技巧，例如，离开讲台。

他们说："我们觉得不自在。"

我明白这种感觉，你们也一样。每当走出舒适区、学习新东西时，我们都会有这种感觉。

例如，有一天，我买了一台新的专业摄像机。我本不想买。旧机器还可以用，但用更先进的新机器，能为我的客户提供更好的服务。

不过，我的内心还是充满抗拒。我对百思买的销售人员说："问题是，我真的很喜欢那台旧机器。它像我的老朋友一样。"

"我能理解，"她说，似乎她总在为机器哀伤，"但是我认为您会好起来的。"

你是否曾经在刚开始学习一种新技术的时候，会感到不自在？还记得第一次骑车吗？一边七扭八歪地向前蹬，一边感到不自在，直到有一天，这种感觉消失了。

感觉不自在太正常了。这并不意味着你或者你的自行车有什么问题。

"我们真的不能离开讲台，"工程师说，"否则我们会死的。"

好吧，他们真正想说的是所有人都在讲台上（通常是这样演讲的），这些工程师希望看起来像其他人一样。

这就是问题所在，如果你看起来、听起来都和别人一样，你就无法吸引听众的注意力。相反，你要表现得与众不同，才会脱颖而出。你站在讲台上气若游丝或者让观众入睡的概率要比你走出讲台大得多。

这些天来，我的旧摄像机一动不动地待在我家的架子上。有时我会想念它。但是我已经习惯了使用新的摄像机，就像我希望工程师慢慢习惯一些新的技巧一样。

这是学习所必需的。请记住：自行车没问题。继续蹬吧。

变换你的热情

有时，与众不同仅仅意味着改变风格。例如：

"感谢您的答复！"一位同事给我发了电子邮件，后面带着令人愉快的感叹号。

你收到或发送过多少封用感叹号结尾的电子邮件？我收过很多！我也这样发送！我觉得它具有感染力！

但是，我不会用惊叹号结束每封电子邮件。太无聊了。通常，一个低调的"谢谢"就很好。我今天收到的电子邮件（"感谢您的回复！"）让我的回复，还有其他所有的回复都很有神奇的感觉。

你不能承受这种惊吓。你的同事也没想吓到你。积少成多。

讲话时也一样。你需要投射能量，但这不等同于那种停不下来的、受到咖啡因刺激后的活力。

可以通过肢体的变化（手势或移动）来投射能量，然后静止下来。通过视觉变化——播放一张幻灯片，然后让屏幕变暗。通过声音变化——讲几句，然后问个问题，或者加快语速，然后慢下来。

能量源于变化。

附言：你有没有想过感叹号从哪里来？应该没有，但以防万一：拉丁语中 io 的意思是"喜悦"，"中世纪的抄写员常常在句子结尾处写 io……随着时间的推移，i 移到 o 的上面，o 变小，成了一个点"。

感谢维基百科！

加速或者减速

如果你经常运动，可能对间隔训练有所了解。健身专家说，如果变换速度，可以获得更好的锻炼效果。

例如，先跑，再走，然后冲刺。之后颠倒顺序再来一遍。

但是一般来说，我在家里地下室的跑步机上做间隔运动是出于另一个原因：打破单调。以不变的速度运动极其无聊。如果每隔几分钟变换一下速度，一下子就没那么无聊了。

让我们把这个加速或者减速的原则应用于沟通之中。

1.写作：长句固然不错，但会显得拖沓，即使你加入一两个破折号——谁不喜欢破折号呢？我就很喜欢——因为，让我们面对现实，一个长句的感觉更像是一场马拉松而不是一个冲刺。

也要使用短句。

要有节奏，快慢，快慢，会很有效。

2.讲话：你天生说话快还是慢？

如果你认为其他人说话很慢，你需要经常打断他们并把他们的话补充完整，那么你语速很快。如果你就是那个说话被打断的人，可能语速较慢。

如果天生说话快，那么暂停应该是你最好的朋友。

对所有人来说，暂停都是一个有力的工具。在演讲前先暂停一两秒钟，然后再开口。这样会引起人们的注意。还有，偶尔在关键字或关键点之前停顿一下。

如果语速较慢，请快点说。一个好的办法：给听众讲议程。假设是有关营养的议程。

"首先，"你说，"我们要讨论早餐。"（现在加快速度。）"它真是一天中最重要的一餐吗？谁说的？吃哪个更好：鸡蛋，燕麦能量棒还是希腊酸奶？要不要把它们全部放进奶昔里，加点羽衣甘蓝，然后就做好了？（暂停）嗯，我们会简单讨论下零食……"

在概述议程的时候，可以快点说（大多数听众根本记不住）因为议程真正的意义是预告主题，并向所有人保证你是有计划的。

因此，无论是在跑步机上，还是发表演讲、撰写报告，或者把这几件事都做了，注意变换节奏。

你说话太快吗？

这是我的理论：大多数语速快的人都认为他们说话的速度很正常——只是其他人……说话……太……慢。

语速快的人对我没什么影响，只要他们别在我的语音信箱里留电话号码。有时人们以很友好、很正常的速度留言，直到他们说到电话号码——开始冲刺！

他们不能把数字说得再快了——这是想获得奥运会的参赛资格吗？仿佛他们必须在两秒内喊出十位数字才能参加比赛。

他们可以这样留言：

"你可以用数字——数字——数字联系我，我把这些数字说得这么快，你根本不可能给我回电，也不用尝试解码，你可以把这条留言听上一百遍，就算你能辨别出有几位数（根本不可能）也没用，因为我就是随便喊了十个数字，压根就不是我的电话号码，我都不知道自己的电话号码，它有可能是我的社保号码，也可能是脆谷乐盒子上的条形码，或者是你的电话号码。祝你开心。"

无论是当面交谈还是打电话，因人而异是很好的做法。使用语音留言，就是倾听对方发出的消息，尤其要注意语速，然后以同样的方法回复。

除了电话号码。

用三种不同的方式去说服

头、心和手

房间里有十个男人。他们全都不知所措。

那是分娩学习班的最后一个晚上。在此之前，我们相当全面地讨论了分娩。不过，我们真的不知道究竟会发生什么。

对男人来说，分娩是一个有趣又遥远的概念，有点像新西兰。

然后，在最后一次课上，我们观看了一个女人分娩的视频。

我不会介意在片中各处进行一些编辑。但是，这段视频播出了所有内容，即使要花几天的时间才能拍摄完毕。

在休息的时候，一个男人说："太不可思议了。"另一个人说："我感觉不太舒服。"

当然，没人学到任何新的知识。但是出现了一些变化。

可以通过不同的方式了解一些东西。从理论上讲，你知道自己会死，但和知道自己死到临头是不一样的。

那么，你会如何说服别人？

有时候，我们认为自己只需要提供正确的信息或者合理的论据，就可以令人信服。

错。

人是多维的。想象一下智慧的三个中心：头、心和手。每个中心需要一些不同的东西。

1. 头：你希望听众们怎么想？提供事实和数据来影响思维。使用逻辑。提一些发人深省的问题。

2. 心：你想让别人感受到什么？讲一些可以影响情感的真实故事。让人想象一个生动的场景。说出你的感受。

3. 手：你想让别人做什么？以你所期待的行为作为模板，或者演示出应禁止的行为，来影响他人的做法。鼓励实践。号召行动。

我记得曾与一家喷气发动机公司合作过。一旦听到飞机失事的消息，如果你是喷气发动机的制造者，首先想到的一定是，那是我们生产的发动机吗？

有一天答案是肯定的。幸运的是，飞机上所有人都活下来了，但公司把这个事件当作一个教育员工的机会。

他们请飞行员来到车间。飞行员向大家展示了妻儿的照片，还描述了飞机下落时的感觉。

车间里所有人都对产品质量有所了解。但是那天，那位飞行员改变了他们对质量的责任感。

下次交流时，想想头、心和手。当信息很重要的时候，要让它们三个都知道。

| 第六章 |

解释一切的最简单方法

类比……让人觉得更轻松。

——西格蒙得·弗洛伊德

信息不易理解或难以想象吗？试试类比

假设你想解释某些复杂的事物，例如大脑。而我，是你怀疑可能没大脑的人，这时就需要用类比。

你可能会说，大脑就像一块海绵（吸收一切），或者像筛子（什么都留不住），或者像一锅粥（似乎缺乏连贯性）。

你可以轻松地想象出海绵、筛子或者粥。想象是个很大的范畴。大多数商业信息都是抽象的，很难想象。

如果听众不能把你所说的内容形象化，那么他们很可能会做白日梦。白日梦是栩栩如生的。比如，想象你在海滩上。注意，你可以"看"到海滩。

类比也是可视的。（讲故事，还有我们稍后将要讨论的其他技巧也是一样的。）

我们一直在使用类比，几乎不假思索。比如，在一家法国餐厅，你的同伴从未吃过青蛙腿。"哦，"你会说，"味道就像鸡肉一样。"

类比就是一种比较。青蛙腿吃起来像鸡肉。人们用已知的、易于想象的Y（鸡肉）去解释未知的、难以描绘的X（例如，青蛙腿）。

许多食物的味道都像鸡肉一样。通常，因为它就是鸡肉。我认为，鸡肉的主要功能是用于解释其他所有食物的。

帮助听众想象

1. 类比

2. 讲故事：第 068 页

3. 展示与讲述：第 117 页

4. 说说食物：第 125 页

试图解释你的工作？用个类比

你曾经尝试跟圈外人解释自己的工作吗？几乎是不可能的。除去电视里经常出现的几种职业（医生、律师），没人能弄清楚其他人整天在做什么。

你的解释听起来是这样的：

你："我是技术员、技术员、技术员。大体上来说，你永远不会理解我的职业。没人能理解。大多数时候，我自己都不太懂。我家那口子已经放弃努力了，她就告诉人们我是牙科保健员。"

另一个人（试图礼貌地）说："您的工作听起来很有趣。"

问题是：他们没法把你的工作具体化。世界上有一万二千种职业。大多数职业具有专业性，人们日常无法体验。

解决办法？使用类比。把复杂的、难于想象的工作与易于想象的东西进行比较。

例如：

➡ "我就像一个天气预报员，预测金融气候。我告诉人们，迟早会下雨。但我也不知道什么时候下。"（经济预测员）

➡ "我就像驯狮员，只是我和人一起工作。"（管理者培训师）

➡ "我是机器的精神病医生。计算机表现异常时，大家会给我打电话。"（IT技术支持）

没错，人们还是记不住你说的大部分内容。但是他们很可能会记住形象，这就意味着他们可能会记住你。

你的工作像什么？找个形象的比喻。

我的工作："我像一辆布林克卡车，帮助企业领导者运送带有风险的信息。"

如果今天晚些时候，你遇到另外三位谈论商务沟通的顾问，我打赌，明天你会记得那辆卡车。

使用类比以避免"知识偏差"

对一件事了解得越多，你解释起来越差劲。

这就是所谓的"知识偏差"。你忘记了对它一无所知、从零开始的感觉。

例如，如果你不得不给一直住在山洞里的人解释互联网，你会怎么做？

维基百科的解释是："互联网是相互连接的计算机网络的全球系统，该网络使用互联网协议套件（TCP/IP）将全球数十亿台设备连接起来。"

必须承认，这太神奇了。互联网，一个复杂的概念，是用一个比它自身更复杂的版本（互联网协议套件）加上两个首字母缩写词（TCP/IP）解释的。可以闻到"知识偏差"的味道了。

试用一个类比。

我会说，互联网像一个图书馆，它是想象中最好的、最差的，也是最奇怪的图书馆。（如果回到第二章，"图书馆"是主要信息；"最好的""最差的"和"最奇怪的"是三个关键点。）

最好的图书馆：你可以获取任何及一切的信息，只需几秒钟即可将其发送到自己的手持设备中。你可以与世界任何地方的其他用户交流。

最差的图书馆：它无视内容的真伪，以及是否有用。

最奇怪的图书馆：没有通信地址，没有房屋，没有管理员。它在哪里？这个图书馆没有实际地点，而是位于一个叫作网络空间的迷离境界的虚无位置，基本上就是"我们不知道"。

| 第七章 |

讲故事：2.5 步法

某人陷入困境，又逃了出来。人们喜欢那样的故事。从不厌倦。

——十四部小说的作者　库尔特·冯内古特

讲故事是领导者弹药库中最强大的武器。

——哈佛大学教授　霍华德·加德纳博士

放下列表，讲个故事

我和后面那个人一样喜欢列表。例如（这是一个列表）：

➡ 前十名列表，比如，"十大最危险的工作"。根据劳工数据局的统计，最危险的工作是：伐木。（知道这个数据真不错。假设你是办公室职员，感到时间紧迫、不堪重负。确实，你很焦虑。但至少不会有巨型的树砸到你的头上。）

➡ 待办事项清单：我每天，甚至连周末都用。有时候我会把一个根本不可能做的项目写进列表里。但是写下来会让我感觉好一些。

➡ 安吉点评网：提供寻找电工、水管工或者伐木工的在线服务。
我的待办事项清单上写着找电工。我确定我很快就会做这
件事。

这本书里也有列表，包括第 077 页的"幽默的十大法则"。

但是列表有其局限性。主要问题是：必须查看列表才能想起来。
如果我把"橄榄"写进购物清单，然后把清单丢了，那橄榄也就一
起消失了。

如果你想影响或启发他人，向他们展示列表（例如，幻灯片上
的项目符号列表）很可能是最糟糕的方法。

拿破仑要激励他的士兵在致命的火力下操控炮台。没有人愿
意去。

所以，拿破仑在炮台上竖起一个大牌子。他没有列出"自愿完
成自杀性任务的十大理由"。

相反，他写了七个字："无畏战士的炮台"。

创作故事的第一步：用问题开场

想象一下，你正在与商业听众交流，想用一个小故事吸引他们
的注意。你更喜欢哪个开场白？

1. "经历了多次失败的面试，我终于找到了工作。"

2. "入狱十年，恐怕我再也不能参与有组织的犯罪工作了。"

你可能会想："两个我都不喜欢。太消极了！"我们一会儿再回到这个反对意见。

我喜欢2号，理由很简单：神秘。我们不知道这个故事结果怎样。相比之下，1号开场白太没有悬念了。

多年前，我参加过一个写作研讨会，是由一个我从未听说过的著名情景喜剧的首席作家主持的。

她说："我的工作非常简单。每周作者们提出对后面故事的想法，我就是那个决定把这个想法继续下去还是终结掉的人。

"我只有一个标准。我关心接下来会发生什么吗？如果关心，我们就继续这个故事。如果不，就终止它。"

我们再回到刚才认为"消极"的反对意见。负面的内容，并以问题开场是一个加分项。提问可以吸引观众的注意。

在故事的后半部分，这些问题要得到解决。而且，针对商业听众，还需传达一个引人注目的观点。但要放在后面。

想一想，所有的故事，生活也一样，都是关于问题和挫折，还有"后面会发生什么"。

想去看电影？选择一部传统的爱情喜剧片，因为你不想看任何沉重的东西。

尽管如此，故事里仍然会有很多问题。

故事永远不会是：男孩遇见女孩，他们立即坠入爱河，举行一场华丽的婚礼，然后从事辉煌的职业，养育聪明的孩子，赢得彩票，从此过着幸福的生活。

没有人拍那样的电影，也没有人想看那样的电影。因为里面没故事。

相反，你会看到：男孩遇见女孩，他们坠入爱河，然后男孩做了令人无法相信的蠢事。女孩说："就这样吧，我们结束了。"男孩感到很沮丧，想尽一切办法赢回她的心，终于做到了，然后他又做了一些更愚蠢的事情。不知道为什么，总是男孩搞砸了一切。

但这里面有另一个故事。

附录：我在机场书店里，随便翻开几本书，看看前几行。

最佳开场白："首先，我会讲讲父母犯下的抢劫案。然后是后来发生的谋杀案。"

问题、问题、问题。

尝试不同的开场白

根据我经历过的一件事，这里有一个故事的七个不同开头：

1. "你觉得他有枪吗？"我问我的朋友。

已经过了午夜。我们开车去了一个前不着村、后不着店的地方，一个大块头家伙在那儿等着我。他想要钱。

我的朋友说："这家伙根本不需要枪，他赤手空拳就能杀了我们。"

（无须从头讲起。在这里，我们是从中间开始的。）

2.（同样的故事，不同的开头。）当朋友开车离开时，我知道自己遇到了麻烦。那是深夜，在茫茫荒野中。

"快回来，"我大喊，"我没带钱。"

（请记住，这只是开篇。接下来的几句话会解释前因后果。）

3."每天晚上，会有二十个陌生人憎恨我的勇气，"这个肌肉发达的大个子说道，"运气好的话，一晚上能有三十个人。"然后他吐了口痰，"无所谓。"

（也可以从一个人物开始。）

4."几小时前，"那个大块头对我说，"我们看着你下车，离开停车场，然后沿着街走。你错了。你真不应该那样做。"

（又一次，从中间开始讲起。）

5. 我的母亲说："是你自己的错。我永远不会把车停在那里。"

（可以添油加醋。例如，我母亲从未说过这样的话。但她可能会这么说。）

6. 晚餐后我回到停车场，发现我的车消失了。（这是真实发生的一件事。）

7."显然，你不识字，"那个大肌肉男说，"不然的话，你会看到停车场的告示：禁止入内，否则车将被拖走。"

（想想一开始你要揭示什么，还有你想忽略的内容。我不会用最后这个当开场白，因为它说得太多了。）

附言：那个拖车的家伙要我付现金（112 美元）。我那个已经驾车离开的朋友，返回来带我去找了自动取款机。

第二步：用一个与工作相关的话题来结束故事

在波士顿的一个午夜，我与死神擦肩而过。

我刚刚出差回来，要从洛根机场取车。糟糕的是，我把车停在了车库的顶层。雪一直下，所以我一边清理车上的积雪，一边抱怨。顶层停车场太差劲了，就像把车停在自家房顶上一样。

开车离开顶层后，我要沿着一个单向螺旋形坡道向下开，一圈一圈地绕！——就像一个令人紧张的游乐设施。突然之间，一辆车不知道从哪儿冒了出来。它迎面向我冲过来了。

我们先暂停一下。这个故事迟早需要一个关键点，特别是对于商业听众。铺垫的时间越长，这个话题就越强劲。

说回洛根机场，那辆走错路的车与我擦身而过。我们都在暗夜中继续前行。

好吧，你会想，那又怎么样？

我在故事快结束时说："我的话题是 X。"

如同生活中一样，这里你要决定这些事情有什么意义。它们有什么意义，是你决定的——至少在故事里如此。

就说这个故事。X 是什么？

➡ "人人都是白痴。"

不不不。这是一个糟糕的话题，如果你正在和一屋子的人说话。就算是真的，听众们该怎么办？

X 应该是个行动号召。

➡ "当你从楼顶离开洛根机场时，要做好一切准备。"

好吧，如果有人对波士顿不太熟悉，X 可能对他有帮助。但这也太缺乏想象力了。故事一直没有离开车库。

创造一个更大的意义。

➡ "获取反馈。"

为了让 X 发挥作用，用隐喻的手法问听众："大家走错过路吗？"

现在，你谈论的不再是机场停车楼，而是谈到工作和生活，这是一个可以获得反馈的故事。

"也许，"你说，"周围的人在按喇叭，大声骂街。但是你完全不知道。看在上帝的分上，亡羊补牢，先做出反应。"

➡ "不要责怪别人。找到根本原因。"

可能听众和我一样，都在责备那个司机。嗯，换个思路：也许是因为一个含混不清的路标，那个司机转错了弯。也许根本就不是他的问题。

也许整个车库都不太对劲。

除了顶层……

与听众交流时，你需要一个引人注目的话题。好故事里有很多话题，这意味着可以为了不同的听众和不同的目的去重新设计它。

不过每次讲的时候，请紧扣一个话题。

步骤 2.5 ：快速地从第一行移至最后一行

有时你会听到有人这样讲故事："上周四——不，等等，我想是上周三。

"哦，我只记得是周三——在辛辛那提，紧急出差，我们公司总是这样。就没人能事先计划好吗？——所以绝对不是周三。

"实际上，我不确定我要给你讲的事是不是真的发生过。我可能梦到过它。上周四……"

没有人在意是周三还是周四。他们在乎你的故事要花多长时间讲完。

做好编辑工作。

我们把这些放在一起：使用我的 2.5 步法

一个故事就是一个微型演讲，它有开头（第一句）、中段和结尾（最后一句）。

1.（开头）用第一句话来吸引听众的注意力并让他们产生好奇心，接下来会发生什么？

2.（结尾）用最后一句话来引发与工作相关的行动。

3.（中段）快速地把从第一句到最后一句之间的每个点连接起来。通常，这意味着将中间的所有内容都削减一半。

这里有一个例子：

"婚后仅仅两天……"一个人说道。但在他要继续说的时候，我打断了他。（我正在主持一个研讨会，名为《当领导讲话时》，我们正在练习第一句话和最后一句。）

我说，你的故事可以朝两个方向中的一个发展：

1. 好的方向，例如，"婚后仅仅两天，我比想象中更加深爱对方了"。

2. 另一个方向。

针对故事的走向，我对一百多位听众的喜好进行了民意测验。没人对好的方向特别感兴趣。

他继续说："婚后仅仅两天，我再也不认得我的妻子了。"

太棒了！他抓住了我们的心。是的，必须有个问题，但是请记住，这才是一个故事。一个好故事要用一件坏事来吸引听众。

之后解决方案会体现出积极的一面，这是讲故事的人从经验中学到的，而我们是通过听故事学会的。

在这个有关婚姻的故事里，中段部分（我们从未听到过）会解释他为什么不认得妻子了。

他变心了？或者，从字面上看，是因为突然的失忆，他认不出她了——失忆可能是由于妻子对他头部的重击造成的，因为他在结婚仅仅两天后，偶然发现她是个杀人犯。

（在这个故事中，也许多说他的缺点比说他妻子的坏话效果更好。前者会让他讨人喜欢，后者则不会。）

他的婚姻故事如何结束？"谨遵计划。"他说。

"谨遵计划"是一个行动号召，与任何一个商业听众都有关，无论他的婚姻状况如何。他以婚姻为例来特别强调工作的话题：尽职尽责。

他是一个可靠的信使。这个故事确保了他的可信度。它让我们这些听众聚精会神。

附录：想知道他的婚姻后来怎样？到目前为止，一切都很好，他报告——现在，十六年了。

什么是"有趣"的故事？遵守幽默的十大法则

1. 永远不要说："我要讲一个有趣的故事。"商业幽默（实际上，大多数幽默）应该是出人意料的。另外，不要承诺太多。

承诺"有趣"，听众们可能会产生逆反心理。他们似乎在想："好吧，有趣的家伙，继续讲，让我们笑出来。"

讲你的故事就好了。

2. 简明扼要。你已经了解直击主题的重要性。为了幽默要加倍去做。

一个笑话分为两个部分：铺垫和笑料。想想亨利·扬曼的话："把我妻子带走吧，拜托了。"前面是铺垫，笑料是一个词。

铺垫越长，笑料就得越劲爆。保持简洁。

3. **暂停**。在任何演讲中，表达和时间安排都非常重要。

如果你说："把我妻子（或者我的丈夫、我的室友或我的狱友）带走吧，拜托了。"要在"拜托了"前面停顿一下，否则达不到预期效果。

别着急，慢慢来。

4. **不要讲老掉牙的笑话**。"你听过那个有关民主党、共和党还有动物园管理员的故事吗……"太俗了。听众会叹气。

幽默要有创意。而且，如果讲给商业客户听，应该有个与工作相关的主题。

5. **不要针对某些群体或个人**。除非你想不讨人喜欢。

下面四条是有关具体技巧的，事例选自我已发表的报纸和书籍作品。

6. **自嘲**。例如，假设谈到五至十年的长期职业规划，你想说这是令人钦佩却很难做到的事：

"我在书中看到，可口可乐的前任首席执行官在坐上那个职位的十年前，就将此设定为自己的奋斗目标。据《财富》杂志报道，他甚至设定了实现目标的日期，居然与现实非常接近。

"这样的故事总是让我感觉很糟糕。我可能永远不会成为可口可乐的首席执行官。即使我提前规划，并把它写进我的十年目标清单中：可乐！

"一来，我没有十年目标清单。这是我十年前就该考虑的事情。"

7. **夸张**。假设主题是有关技术及其飞速变化的：

"我们的旧电脑现在孤独地待在地下室。它快五岁了。那是人类的纪年。电脑的一年还不到一分钟，因此你把它买回家、从盒子里拿出来的时候，它已经一百多岁了。

"这就是商店为什么拒绝退货的原因，除非你把盒子和所有包装材料都退回去了。永远不要低估包装材料的回收价值。"

8. 反其道而行之。例如，考虑一下焦虑。我们中许多人太过焦虑；我们已经知道这一点。因此采取相反的策略：

"所有这些'别担忧，要开心'的说法让我感到紧张。经常性的和充满能量的焦虑很重要。焦虑锻炼想象力……对我而言，如果想放松一下，焦虑是一个完美的爱好。"

9. 使用"三项"规则。列出三个项目，给前两项设置一个模式，用第三项打破模式并制造惊喜。

"我反复做着一个成为重要的领导者的梦。有时，我是《财富》五百强公司的首席执行官，有时是大城市的市长，有时是德高望重的黑猩猩。所有的雇员、市民和猴子都把他们的劳动成果、选票还有香蕉贡献给我。"

10. 不要为了有趣而用力过度。你的目标是吸引观众。幽默只是众多工具中的一个。

因此，顶多就是让人笑一笑。你不是喜剧演员。而且你也不想成为一个笑话。

| 第八章 |

把宣布变为讨论

管理通用电气公司的时候，一年里要说七至十二次"你在用我的方法做事"。如果说十八次，可用之才就会离开。如果说三次，公司就会崩溃。

——通用电气前首席执行官　杰弗里·伊梅尔特

我喜欢自己把话都说了。这样可以节省时间，还能避免争论。

——剧作家　奥斯卡·王尔德

发布公告时，要明白：这个决定不能更改了

在工作和家庭生活中，我们对于哪些决定可以放开讨论、哪些不可以感到迷茫。前者是讨论；后者是公告。

我儿子小的时候，通常把我对他说的所有话当作讨论。对我儿子而言，"在我给警察打电话之前，马上去睡觉！"只是一个开场白而已。

公告与讨论有所不同；它们的用词、语气和影响力都不一样。

作为领导者，很容易被人挑毛病；你可能会过度使用一种模式，你所用的模式也可能发出含混的信号。

解雇员工是公告。你不会说："乔治，让我们来讨论一下，请你上交工作证，收拾桌子，从这里搬出去——这样是不是太麻烦你了？"

一天晚上，我用非常确定的言辞让我儿子上楼去刷牙。我本以为这是一个公告。但是他不让步："你又不是我的老板。"

我很想知道"你的老板是谁"，或许我可以打电话向那个人求助。

不过，我倒是不太担心。我认为不愿意按时就寝属于可以自行解决问题的范畴。随着年龄增长和不断成熟，这个问题就迎刃而解了。

我的妻子对此将信将疑："年龄和成熟度？你觉得几岁可以？"她用很微妙的方式暗示了这个问题："白痴，为什么你都做不到这个？"差不多吧，他随我了。我要更像个老板。

所以，随着年龄的增长和变得更加成熟，我对父权越发驾轻就熟。最终，我都不用提警察就可以让儿子上床睡觉……

不管公告还是讨论，要先弄清楚你在发布哪一种。

发布公告时，解释"为什么"

想要建立信任，仅仅告知大家是不够的，即使你做的是正确的事。你需要解释它为什么是正确的。例如：

早上八点半，我和妻子停好车，把我们的自行车搬到"单车巴士"上，并把它们挂在车顶的吊钩上。巴士开往"玛莎葡萄园号"渡轮，该渡轮将于早上九点半出发。

巴士司机看到有乘客上车，显得不太高兴。她宣布："我九点十分发车。"她的语气透露出："别抱太大希望。生活总是令人失望。"

到了八点五十分，躁动不安的乘客和晃来晃去的自行车充满了整个巴士。"我们为什么不能早点发车？"一位乘客问。

司机说："这活儿我已经干了十二年，我们就是那个时间开车。"换句话说，"不要挑战我的权威"。

我问："到码头要用多长时间？"

巴士司机看着我的妻子说："让你的丈夫放松一点。我们九点十七能到——相信我。"

好吧。但我们只有十三分钟去卸下满满一车厢的自行车和行李箱，还要买渡轮票，再去登船。

为了成功实施这个计划，每个人都必须兴奋起来。我想知道，在接下来的几分钟内，有没有什么办法让每位乘客至少喝上十至二十杯的咖啡。等待发车时，巴士里没人说话。巴士司机说："怎么没人说话了，这让我感到吃惊。"

一位乘客说："我们都怕你。"

九点十分，我们出发了！巴士在狭窄的道路疾驰。自行车在我们头顶上剧烈地摆动，行李不断地从行李架上飞出来，乘客们都紧紧地抓住座椅。

这是我坐过的最刺激的巴士！

"在美国开车没有限速吗？"一位坐在我们身边，颠上颠下的加拿大女士喘着气说。

"这是一次愚蠢的旅行。"她的朋友说，"我只想回家。"

九点十七分，我们到达码头。十三分钟后，我们在渡轮上了。事实证明，巴士司机的计算是正确的。但是，她错在期待我们信任她。

九点十分出发也许有充分的理由。也许她知道无论何时到达，轮渡都会等着我们。但是为什么不说出来呢？

那位加拿大女士说："我再也不会坐那个司机开的车了。"

"我只想回家。"她的朋友说。

提升影响力，需要少一些强制

在下班回家的路上，我妻子有时会打电话问我："你能顺便去买些牛奶吗？"

我马上就明白我该去超市了。不过我妻子这种提问方式，给了我拥有控制力的幻觉。我甚至不喝牛奶，但我支持这个理念。

没人喜欢别人告诉你该做什么，因此，那些有技巧的、可以一呼百应的人不会过度使用公告或者"告知"的模式。

另一方面，假设你做出一个不能协商的决定："我们家需要大量的低脂、农场出品的新鲜牛奶，马上！"

好吧，大多数决定都是多维的，包括行动、方式、时间、地点以及人物。你能找到什么可以变通的地方吗？

例如，最近我正在与一位经理合作，她需要派人去跟北达科他州的客户会面。那是冬天，北达科他州很冷。没人想去。

这位经理知道行动（与客户会面），方式（面对面），地点（北达科他州）。这些都是不可协商的，但其他几个方面还是灵活的。她真的不在乎让谁去，什么时间去，这周还是下周去。

因此，她把问题交给了员工们，让他们去决定。他们决定等下班后一起喝一杯的时候，再抽签决定。

他们喝的可能不是牛奶。

讨论问题时，让其他人先说

我和妻子在一家我们非常喜欢的波士顿海鲜餐厅共进晚餐，我们在那里一直吃得不错，也没有食物中毒过。

点完渔夫炖肉之后，我很快就后悔了，尽管我很赞赏成为一名渔夫的想法。我妻子点了烤虾和煎土豆。

时间过得很快。女服务员走过来，并讲述了晚餐出了什么问题的故事。听起来不太吉利。尽管如此，我和下一个渔夫都喜欢一个好故事。

她说："您的渔夫炖肉之前已经做好了，但是有人偷偷地把烤虾给了另外一桌客人。"不是好消息。我有些为炖菜感到沮丧：它出什么问题了吗？怎么没人想把它偷走？

又过了很长时间。当饭菜送来的时候，煎土豆是冷的，炖肉的汤也干了，我倒是希望它被人偷走了。

一位经理走过来查看状况。我们告诉她刚才发生的事情。她看起来很难过。

"您想让我做些什么？"她问。

我们没有什么特别的想法。

"这样吧，"她说，"让我们为您的晚餐买单吧？"

我们没有异议。她看起来还是很难过。

"此外，我还会打包两个免费赠送给您的甜点——南瓜芝士蛋糕和波士顿奶油派。"

完全没有必要，我们说。但是为了让她开心一些，我们还是接受了这份礼物……

下次与其他人谈到一个问题的时候，不要太快地提出或坚持你的解决方案。虽然脑中有想法或建议是很好的，不过还是尽量让对方先说。

附言：如果可能，不要点渔夫炖肉。换个南瓜芝士蛋糕吧。

公告还是讨论？

何时公告：

➡ 此事不可协商（由于法律、安全原因和公司政策等）。

➡ 紧急情况，无暇讨论。

➡ 你拥有专业知识，其他人没有。

何时讨论：

➡ 需要其他人的认同。

➡ 事情对其他人更重要。

➡ 其他人拥有与你一样多的知识和经验。或者缺乏经验可以给他们提供崭新的视角。

你还有更多的选择。

比如，假设你是一名军事指挥官。考虑以下选项（它们的控制力从高到低）：

1. 公告（高度控制）："我们要占领这座山！就是现在！"

2. 公告，加上解释："我们现在要占领这座山。否则，我们都会死掉。"

3. 公布目标，但讨论手段（中度控制）："我们现在要占领这座山。最好的方法是什么？"

4. 让其他人说出想法，然后你做决定："我认为我们应该占领这座山。但在决定之前，我想听听大家的意见。"

5. 让其他人讨论他们的想法，然后让他们决定（低度控制）："下午你们准备干点什么？我想我们可以占领这座山。但由你们决定……"

如果要讨论，你需要提出一些聪明的问题。下一章会讲到。

| 第九章 |

问题：如何提出最好的问题，回答最糟的问题

作为顾问，我最大的作用就是假装无知，然后提几个问题。

——管理顾问、三十九本书的作者　彼得·德鲁克

管理团队不需要擅长提问。在商学院，我们训练他们擅长给出答案。

——哈佛商学院教授　克莱顿·克里斯滕森

在断言和提问之间寻找平衡

当凯文·沙雷尔就任美国安进公司（一个市值一百四十亿美元的生物技术公司）的首席执行官时，他用了一百五十个小时提出各种问题。

一百五十个小时。他与一百五十名安进公司的领导层人员面谈，和每个人聊了一小时。

你会那样做吗？

聪明的人会问聪明的问题，尽管这并不容易做到。

我曾经和一屋子《财富》一百强公司的高管，一起准备他们与公司新任董事长进行问答的环节。他们既不想问任何问题，也不想回答任何问题。

他们的理由是："无论说什么都可能限制职业发展。"

随后，董事长走进了房间。他立即脱下外套、摘掉领带，仿佛在说："我和你们一样。"然后他坐了下来，几分钟后，所有人都放松下来，很可能是因为他不再脱衣服了。

有技巧地提出一个问题，你会提升全屋人的智商，然后你也会脱颖而出——这是另一个 8 秒钟。

凯文·沙雷尔提了五个主要问题，例如："你想改变哪三件事？""你想保持哪三件事？"

注意具体的数字——三件事，这会促使其他人也变得具体（请参见第 100 页，"推动细节"）。

问题是：提问或者作答，哪个让你感觉更舒服？做个两者兼顾的人。

给出建议之前，先提几个问题

鲍勃说："我认为你雇我的主要原因是你可以多说话。"

在自己开公司之前，鲍勃曾是一名在哈佛开设工作室的职业规划师。

我有时会找他咨询，只可惜他几乎没有任何建议。正如他所说的，他的作用不是告诉我该怎么做，而是通过和他的对话，我能自己把事情弄清楚。但是对话至关重要。

你经常给别人提建议吗？

提建议很好。如果你有专业知识，而其他人没有，那么你的建议可能有用。在指导高管们如何传达信息或发表演讲时，我会给出很多建议。这些建议是他们所期望的，也能引起他们足够的重视。

但如果有人希望你去解决他们的问题的时候，最好不要这样做。

提建议的缺点是什么？它剥夺了其他人做出判断的机会。

当人们向我寻求建议时，我通常会听一会儿，然后问一个这样的问题："假设你正在与一个智者交谈，她或他会建议你怎么做？"

一位同事说："她会建议我按兵不动。"他一直纠结于是否跳槽到另一家公司。突然之间，他知道了答案。

类似的问题："某人会怎样做（某人得是一位楷模）？"

电影导演史蒂文·斯皮尔伯格在拍摄《大白鲨》时，纠结于一条不好用的机械鲨鱼。他本可以打电话向阿尔弗雷德·希区柯克求助。但是，他问自己：希区柯克会怎么做？

答案是：不要拍鲨鱼。太吓人了。

让人们自己解决问题更困难，仅仅给出答案反倒比较容易。

下次有人来敲门求助的时候，请记住：这是一个可以指导他的时机。

打磨问题

"你喜欢看恐怖电影吗？"

工作的时候，你不太可能提这个问题（问题来自在线约会服务OkCupid），除非公司对你而言是一场噩梦，然后你想警告其他人。

求职者：这看起来是一个适合工作的地方，是吗？

你：看怎么说了。你喜欢看恐怖电影吗？

但是，如果你想打磨自己的问题，恐怖电影的问题具有指导性。

1. 开放 vs 封闭：你注意到的第一件事是封闭，意味着你得到一个字的答复，或者没有回应。

问：封闭式问题不好吗？（一个封闭的问题。）

答：不。

问：那我们为什么要关心开放和封闭的区别？（一个开放的问题。）

答：因为封闭式问题限制你获得信息，也限制了其他人的参与。

问：工作中多大百分比的问题是封闭的？（封闭）

答：82.6%。

问：你从哪里得到了这个数字？（开放）

答：我刚刚编造的。下一次商务会面时，你可以这样做。效果会让你感到吃惊。

仅供参考：即使你知道了开放与封闭的区别，有常识并不意味着一定会那样做。你是不是问了太多封闭式问题？（封闭）检查一下。

2. 你的推断：OkCupid 网站发现，如果正在约会的两个人对某些问题给出了相同的答案（在初期的调查中），他们建立长期关系的概率会增加。

OkCupid 确定了三个重要问题，而不是一个。即使这样，相关性也只有 32%。

仅供参考：从任何一个答案中推断都要谨慎。

3. 提问策略：有时需要把一系列问题精心排序。例如：

问：你喜欢看恐怖电影吗？（封闭）

答：不。

问：和一个爱看恐怖电影的人约会感觉如何？（开放）

答：害怕。

问：是因为你需要忍受血腥的场面吗？（封闭）

答：不，因为我已婚。

问：好的，假设你是单身的话。对恐怖电影的不同观点会把约会搞砸吗？（关闭）

答：不会。

问：双方的哪些差异会破坏约会呢？（开放。这个系列中的关键问题。）

仅供参考：计划提问策略。不要有随便问问的想法。

附言：OkCupid 网站的三个问题（附上了我的答案，与我妻子的答案很相配）是：

1. 你喜欢看恐怖电影吗？不。

2. 你是否曾经一个人去国外旅行？是。（警告：不要问你的约会对象这个问题，以免她设想和你在一起就像一个人去了某个陌生的地方，然后被抛弃。）

3. 丢掉所有东西然后在帆船上生活会很有趣吗？不。（我不喜欢帆船，这个想法听起来很像一部恐怖电影。）

并非所有开放式问题都是明智的

8
SEC

聪明的问题会引发他人的思考。大多数普通问题，无论是开放的还是封闭的，都没有那样的效果——如果是随意交谈的话，也没有那个必要。

想想这些有关"周末"的问题。

1. "周末过得好吗？"你问一个同事。常见的问题，封闭式的。

2. "周末过得怎么样？"从技术上讲，这是一个开放式的问题，但通常会得到一个词的回答（"还行"）。

3. "周末干什么了？"开放式的，但不会激发任何新想法。

这三个问题都不错。没有人想在周末的问题上寻求深刻的见解。

但是，假如你想呢？

4."你理想的周末是怎样的？"这个问题不一样。它引发对方的思考。

我们来把机智的提问用在工作中。假设你是经理，在与一位员工谈论他的工作满意度。你可以问："今天过得怎么样？""还好吗？"但是这些问题无法挖出更多内容。

试试用前面的第四个问题变通一下：

"对你来说，一个理想的工作日是怎样的？"或者"给我讲讲你在这里最美好的一天吧。"然后问："我们如何让这样的日子越来越多呢？"

聪明的问题能引发其他人的思考。但在提问之前，你需要认真思考。

提问策略：从低风险的问题开始

如果你有很多问题，从简单的问起。假设你在公司主持高级管理人员会议，内容是讨论公司新的价值标准，它似乎无法推行。你的问题可以按照下面的顺序排列：

a.（低风险）：在 1 ~ 10 的范围内，员工们对价值标准的了解程度如何？提出"1 ~ 10"的问题是个好的开始。答案很少是 1 或者 10。通常，是中间的数字 4 ~ 8。你随后可以自然而然地跟进："我们如何做到 9 或 10 ？"

b.（风险较大）：员工们在多大程度上认可这些价值标准？他们可能知道这些标准，但并不买账。

c.（风险最大）：具体来说，我们，作为领导，如何说明这些价值标准？

你也可以问："在座的有谁知道这些价值标准？"但是问一群人"这里谁知道 X"（X 可以是任何东西）总是很冒险的做法。

开会时，问"在座的有谁知道如果被响尾蛇咬了该怎么办？"这样的问题并不明智，除非会议的内容正好涉及在响尾蛇出没的地方远足，并且有人刚刚被咬了。

在例行会议上，某人可能对 X 有深入的了解，但是担心你会让他发言而没敢举手。另一个人可能对 X 一无所知，因为其他人都举手了，他无论如何也要举手。

没人想表现得很愚蠢。你的问题会带来怎样的风险？

附言：《预防毒蛇咬伤！如果被咬，该怎么办？》中说道："尽快远离蛇很重要，这样它就不会再次咬人。不要试图去抓住蛇。"

嗯，我从来就没想过要去抓蛇。

冒险提问之前，先说明原因

想象一下这两种场景。

场景1：流汗

公司的首席执行官叫你去她的办公室。她问："我们是一个高效的公司吗？"

你开始冒汗。你想知道，能让你保住工作的最佳答案是什么。

除了吓人，这个问题的另一个缺点是它的封闭性，是与否的回答形式。它释放出的信息很少。然而，一位首席执行官称其为她最喜欢的问题。

更好的问题是："我们公司在哪些方面是高效的？"然后，"我们应该如何改善？"或者问员工，公司的高效表现在哪三个方面，或者哪三个方面不能体现高效，这与凯文·沙雷尔的方法类似（第088页）。

最好的问题是：在提问之前，说说原因。例如："我致力于使它成为一个高效的公司（我相信你也是一样），这是一个永无止境的过程。我很愿意听听你对哪些方法有效、哪些无效的见解。"

场景2：不会流汗

在一家大型保险公司工作的第一周，一位年轻的员工做了一件很大胆的事。她打电话给首席执行官，问她可否过去说几句话，因为她想对公司及其发展方向有所了解。

首席执行官对此很感兴趣，就答应了。

她的上司后来才知道了这次会面。他非常生气。"我在这家公司已经工作了十多年。"他说，"还没见过首席执行官的面。"

你可以这样辩解，新员工很幼稚，她不了解行政流程，而且她再也不会这样做了。好吧，但是公司要付出怎样的代价呢？

代价是恐惧。

在你们公司，场景 1 或者场景 2，哪个更常见？

多年前，咨询师汤姆·彼得斯推广了"移动管理"。他敦促经理们走出办公室，问问题，发现真实情况。

很好的建议，除了一件事：与那位新员工不同，大多数人不愿对上司说真话。

不要低估恐惧的力量。

在提出一个很难回答的问题之前，减少恐惧感。说出提问的原因。

至少在 95% 的时间里，不要提别有用心的问题

"你余生就想卖糖水吗？"史蒂夫·乔布斯问时任百事可乐公司总裁的约翰·斯卡利，"还是想和我一起改变世界？"

这就是一个别有用心的问题。意思是："看，你现在的工作，管

理百事可乐，简直太蠢了。我给你提供更伟大的事业。"

斯卡利被说服了。他接手担任苹果公司的首席执行官。（若干年后，他把这份工作称作一个很大的错误。）

你问过别有用心的问题吗？假设在麦当劳工作，你可能会问：

1. "要加份薯条吗？"完全合理。你在建议一个选项。

2. "要加份薯条，对吗？"好吧，现在你有点强求了。

3. "可以花半价加份薯条或者奶昔，您想要哪个？"强迫感更强了——这在销售中被称为"假定成交法"。假设，大声地说，他们一定会买些什么。

我通常会避免 2 或 3 这样的问题。除了有一次……

二十几岁的时候，我参加了一个职业专家主持的求职工作坊，他给了很多建议，包括"如果一个很远的城市给你提供面试机会，务必先问下面这个问题"。尽管是个让人不太好开口的问题，我还是把它写在笔记本上。几个月后，一名招聘人员给我打电话，说有个在迈阿密的工作。

定好面试时间后，我让招聘人员先别挂电话，然后开始在公寓里乱冲乱撞，找到了那个笔记本，疯狂翻页，找到问题后，我又拿起了电话。

"请问会给我寄机票吗？还是我给你们开发票呢？"（这就是"要薯条还是奶昔"的假定成交法。）

在短暂的停顿之后，对我而言仿佛度日如年，招聘人员同意了接受发票。

后来我去了迈阿密。我没有得到那份工作，但并不是因为我提出的问题。现在想起来，这个问题似乎很温和，也值得一问。

这是否意味着假设性问题可以用呢？好吧，要由当时的状况决定。这让我想起了那位职业专家说过的一些其他的话：

"对于 95％的人，当你认为自己的进取心令人生厌的时候，实际上你表现出了坚定和自信。"

好建议。除非你是那百分之五中的一员。

看看阴暗面

我把它们称为"反向问题"。

下一次公司团建休息时，试试这个："假设我们的团队希望赢得奖项，一个完全丧失功能才可以获得的奖项，我们该怎么做？"

有时人们会厌倦竞争最佳表现奖。这个时候，翻转问题，争取最坏的。

绕一小段弯路让大家热身。之后得到的答案和集聚的能量会让你感到惊讶。

如果问到让团队功能丧失的问题，人们会说：

"我们可以八卦，可以发短信，我们可以一边八卦一边发短信。这不，我们已经都做了。"

当然，稍后你需要掉转问题并讨论做些什么更多的、更少的或不同的事情。例如，可以用功能丧失的列表提问："这些项目当中我们最应该关注哪个？"

根据主题，变换反向问题：

客户服务："二十个把我们的主要客户拒之门外的最佳方法是什么？"这个问题很可怕——你可能已经做了不少。

压力："是什么让这里的工作变得如此令人焦虑，以至于需要工业增强剂才能走过这道门？"

管理："假如你想成为合成树脂业最糟糕的经理？"嗯，可能的答案是："我对合成树脂业一无所知。"（不错，这是一个好的开始！）

事实证明，如何做到最差很容易让人思路如泉涌。我们大多数人对此都有着难忘的经验。

推动（致力于）细节

"给我讲讲你们的企业文化。"你对招聘经理说。

在考虑一份新工作的时候，你确实有必要了解这些，因为即使是最好的工作——在最糟糕的企业文化中——也会扼杀你的满意度和成就感。

但你提的问题不对。它太抽象，太含糊，只会让对方给你一个没有价值的答案。

以下就是你可能（也不太可能）听到的内容：

➡ 我们具有创新性。(真相是，我们不知道自己在做什么。)

➡ 我们欢迎变化。(我们的工作重点随时在变。)

➡ 我们公司就像一个大家庭。(想象一个不幸福的大家庭。)

➡ 我们工作很努力。(我们没有周末这样的琐碎活动。)

➡ 看看我们的核心价值观声明。它说明了一切。(请阅读美国司
法部刚刚发布的 207 页的报告。我们的首席执行官已承诺要
逆风而动。正如他所说："任何人都可以在监狱里工作。")

通用汽车公司的首席执行官玛丽·芭拉说过："我讨厌企业文化
这个词。它就像个作壁上观的家伙一样。"

到底什么是企业文化?

"是我们讲述有关公司的故事，"芭拉说，"是我们的表现。"

同意。所以不要问企业文化。用下面这些问题，去问问他们的
故事和表现:

故事: "给我讲讲公司里那些获得成功的人。"(不仅因为技术，
还有关键价值观的模范作用。)"然后再讲讲那些不成功的。"

表现: "假设我超过了绩效考核目标。在这里还有哪些因素会影
响绩效等级? 在完成目标之后，哪些因素会降低我的绩效评级?"

例如，以下是时代华纳公司的创办者史蒂夫·罗斯对于冒险行
为的看法:"我绝不会因为你犯错而开除你。我会因为你没犯过错而
开掉你。"

提空洞的问题是错误的。请询问细节……

在求职面试中：

你是面试官，在大堂和求职者打招呼："找到我们没费什么劲吧？"

面试中你要提两大问题，这并非其中之一。这是补白，用以破冰的问题。

在不确定接下来要问什么，还有特别想问一些问题时，我们也会使用补白。

有时问一个问题（所有的问题），我们并不知道要了解什么，或者即使知道提问的目的，我们也不知道如何去做。

想想雇用合适人选的问题：

➡ 对于求职者你需要了解什么？好吧，需要了解他能否胜任工作，并且能否融入公司。

➡ 如何了解？你需要提出恰当的问题。不幸的是，恰当的问题并不会魔法般地自己跑出来。你需要提前想清楚。

比如，作为面试官，你间接地开始说："跟我说说你自己。"这个问题并没有确切地说出你想找什么样的人。

不过，你确实要知道自己到底要找什么人。

你的两大问题之一就隐藏在开场白后面；你不用直接问，但它会涵盖你问题里的大部分内容：我们为什么要聘用你？

让我们看看求职者和他的回应。"好吧，我可以谈谈我的营销背景、领导经验还有我的上一次铁人三项赛。该从哪里开始呢？"

在这里，他提了一个聪明的反向问题。他给了便捷的分项信息，以选项的形式呈现出来："因为我有 X、Y 和 Z，你应该聘用我。"他在 8 秒内做到了。

（顺便说一句，铁人三项赛并不是一件琐事，它体现出精力、自律和成就。此外，它还增加了多样性。与市场营销和领导力不同，它涉及私人生活。）

你："我们来谈谈营销。你有社交媒体方面的经验吗？"

社交媒体的经验是必须拥有的吗？你到底想问什么？

求职者："是的！为了发布我们的新设备（手机套餐、传真机和微波炉），我们制作了一系列 YouTube 视频，名为《坚不可摧》。"

到目前为止，求职者的表现还可以。不幸的是，他开始变糟了。

你："假设你的老板坐在这里。她会给你提出什么有建设性的反馈意见？"

这是你感兴趣的另一大问题：我们不能聘用你的理由是什么？询问有建设性反馈是一种调查方法。

求职者："嗯，她会说我很有闯劲。"

你："在哪方面？"

当某人使用抽象词时，比如，"有闯劲"，不要假装理解。闯劲可好可坏。询问具体事例。

求职者："对于 YouTube 上《坚不可摧》的广告方案，我的想法是先把咖啡泼到机器上，然后把机器扔到地板上，再把它从窗户丢出去，再用一个大锤把它砸烂。"

你："好，我们稍后答复你……"

无论是面试求职者、与客户会面还是指导员工，你都要弄清楚自己真正想要了解什么，然后是如何提问。

现在我们谈谈关于回答问题——噩梦还是美梦。

回答问题的时候，你有选择——好好利用它们

假设你要做个演讲：

1. 回答问题

当然，如果你知道答案的话。但是没人指望你能回答所有的问题。如果你假装自己无所不能，会失去信誉。

2. 对提问者进行反问

a. 请他说清楚："对此您能多说几句吗？"有时候第一个问题下面还隐藏着一个更重要的问题。也有时候，在他多说几句之前，你真的不知道他在说什么（唉！）。

b. 请他回答："您的问题让我受宠若惊，因为我知道您对这个话题有着深入的了解。您会如何回答这个问题？"如果他确实很在行并且特别想说的时候，这种方法很好用。

3. 拖延

a. 拖几分钟："我们大概在 20 分钟内会讲到它，如果到那时我们还没有回答您的问题，请大声喊我。"

b. 拖到休息时间："一起喝咖啡的时候，我跟你讨论这个问题。"如果某个问题干扰了你，而且听众中也没有其他人对这个问题感兴趣的话，最好转移话题。

c. 拖到下班："我们去停车场再谈。"然后创建一个叫作"停车场"的图表，并确保稍后处理这些项目。

d. 拖到这周的晚些时候："我想对此进行一些研究。48 小时之内回复您，可以吗？"

让我们考虑一下这个选项，这是很好的方法。这是你刚刚传达的信息（8 秒之内）：

你是一个认真的人，在严肃地对待这个问题。

你没有虚张声势。

你会恪守承诺（当然，因为你会跟进）。

事实上，你的影响力因此得到了提升——比临时凑合的效果好得多。

e. 拖到世界末日：这个方法适用于那些临界问题，就是那些你感觉仿佛人力资源主管会突然出现并把你软禁起来的问题。保持冷静，保持友好，然后继续讲下去（更多细节，请参阅第107页，"当问题太过涉及隐私，拒绝回答"）。

4. 讨论

a. 跟在场的所有人说说这个问题："很好的问题，大家对此有什么想法？"然后在大家讨论的时候，走下讲台。等你做好总结并重获控制力后，再回到会场的中央。

b. 将问题委托给某个小组。走到那个小组旁边。等待他们的答案。然后将他们的答案告诉另一个小组，仿佛第一组的答案是你听到过最疯狂的一样。问问第二组的想法。

然后再把他们的答案给第一组。这有助于激发小组讨论，或者煽风点火。

5. 搭桥

a. 在把对话带回你的舒适区之前，先找到问题中的关键字或关键短语，仔细思考一会儿。政客们总是这样做（一而再，再而三地回到他们的话题上），但要谨慎为之。否则，你会听起来像个政客。

b. 回答别人的问题中隐含的问题——那个你愿意回答的问题。"我认为您真正要问的是……"

搭桥技术的一个事例

作为我的工作坊里的热身活动之一，有时我要求参与者们用一分钟时间，两人一组来讨论一个荒唐的话题。例如，在他们认可木星上存在体育运动这个疯狂的前提后，我要求他们谈论"木星上的体育运动"。

关于木星上的运动没什么太多可说的，所以搭桥就很有意义。怎么搭？嗯，注意关键词：体育与木星。你可以转而谈论一般的体育运动，也可以从总体上谈谈行星。我们试着谈谈运动：

"你非常需要保持健康，"可以这样开场，"由于强大的万有引力，在木星上可以进行任何运动。好处是每天只需要运动几秒钟（也许就是起一下床）就能保持很棒的身材，而在地球上，你要花费更长的时间锻炼。我通常……"现在你过渡到自己的运动习惯了。

当问题太过涉及隐私，拒绝回答

如果问比尔·克林顿总统 1994 年那天他穿的是四角裤还是三角裤，你只能等到拒绝回答。

（或者去"搭桥"："我想你真正要问的是作为普通人的我是什么

样，穿什么内裤。我来说说。"）

不幸的是，他回答了。

在 MTV 市政厅，一个十七岁的女孩问克林顿："全世界的人都渴望知道这件事。"然而，并非如此。世界上大多数人甚至都不愿意想到这件事。

2012 年，有人问总统候选人米特·罗姆尼睡觉时穿什么。他说："越少越好。"世界上大多数人也不想知道这个。

领导人们为什么回答这些问题？好吧，想看起来平易近人，或者想讨人喜欢，或者想表现得真实。

《芝加哥论坛报》的专栏作家鲍勃·格林在比尔·克林顿出任总统的文章中写道："总统就是个普通人。总统与百姓之间没什么区别。"

但是领导人需要距离感。在克林顿之前，很难想象一位美国总统公开谈论内衣。现在，这些话题已经是家常便饭。

我通常建议企业领导者们鼓励他人提问，解决问题并保持放松。

但是，对于过分的问题，请唱反调。举手（就像拦车的动作），尽可能保持微笑（除非问题太过冒犯），然后说"我想我不会回答这样的问题"。然后继续讲话。

还有更简单的回答："谢谢。下一个问题。"

噩梦般的面试问题："你最大的弱点是什么？"

这是一个考验，如何应对才好？必须要回答，但不能说得太轻，也不要说得太重。

一些糟糕的答案：

➡ 由于重大盗窃案，我在三个州受到通缉。

答案太过了。如果想走这个路线，把"盗窃"留下，"重大"要删掉。它听起来像在吹牛。

➡ 我没有弱点。

格局太小，防御性太强。

➡ 我是个完美主义者。

答案太可爱了。

➡ 我对其他人的鞋极其挑剔。

别具一格，但是太古怪了。

理想的答案是：与工作相关的、不另类而且很确定的。

例如，一直在《财富》五百强公司工作的你，正在申请一份非营利性工作，如果说你缺乏非营利性工作的经验，这肯定是一个弱点。

但同时要说你的学习能力很强，并且做过大量的志愿者工作。此外，你拥有丰富的航空业工作经验，而这些公司都没有盈利。

| 第十章 |

演讲技巧

所有伟大的演讲者都是从表现糟糕开始的。

——诗人、散文家和讲师 拉尔夫·沃尔多·爱默生

用才华开场

听众中没人会说日语。但这没能阻止演讲者。他的非英语开场白持续了几分钟，大出风头。

美国听众们（一家跨国公司的高管们）都被迷住了。听完以后，坐在我旁边的人说："我当时的感觉就像在国外工作。"

没错，演讲者也用了英语幻灯片进行翻译。对听众而言，就像在看外国电影的字幕一样。但是很多人之所以不爱看外国电影，正是因为不喜欢看字幕。

那么，这个开场吸引观众的原因是什么？嗯，就是与众不同。

当你站起来讲话的时候，对听众们而言，就像在看电影。他们首先会想，这部电影有趣吗？他们可能只用 8 秒钟的时间来寻找答案。

一个周六的晚上，我和妻子在家，非常想找一部电影看。在浏览了目录里的一千部烂片之后，我们租了《非洲女王号》，一部很老的汉弗莱·博加特的电影。博加特凭借在此片中的表演，获得了那一年的奥斯卡金像奖。

但那是 1951 年。现在看来，电影的节奏简直慢得要命。很长时间故事都没有任何进展。

你的表现像 20 世纪 50 年代的电影吗？如果用以下方式开始演讲，你可能就是：

➡ 打开一张带有演讲标题的幻灯片，然后念出来。不要这样做。从黑屏开始，先讲一两分钟，之后突然把标题播放出来。

➡ 向所有人致谢。赞颂他人是对的，但是现代电影不用这样开场。稍后再致谢。

➡ 告诉听众你的演讲很短。听众们喜欢简明扼要，但这真的是你演讲的亮点吗？听起来不像一部好电影，倒像是一个糟糕的广告。

那该怎么做呢？

下次演讲的十种开场方法

在打招呼、说早上好或其他内容之前，先用这些开场白。每个开场白后面都要带一个引人入胜的目标陈述。（注意：十种开场可以搭配使用。)

1. 问题。人们无法抗拒问题所引发的好奇心。开场的问题要简单明了，但要提前做好准备。

示例（出自我的工作坊，"你的观点"）："你认为人们的注意力是在增加还是在减少？"

先想好你是真在提问（希望得到回答），还是修辞性提问（不希望别人回答），这样就可以确定需要长时间的停顿还是短暂的停顿。

2. 小测验。如果有很多知识点，可以尝试用一个简短的、判断正误形式的测验开场。把试题发下去，让与会者做完，然后讨论。

示例：如果演讲是关于体能的，你的小测验可以包括十到十五个问题，内容涉及营养、运动和压力等方面。

每个问题都要和论点有关，并给你的演讲预热。

3. "你可能会想"（或者会感觉，或者想知道）。"你"这个词引起注意。

假设我是你的听众。我在这里，想想我。这是人性。然后你大声地说你也在想着我。"是什么让你思考我在想什么？"的想法引发了我的好奇心。

看到这里，你可能会想："我怎么知道听众们在想什么？很多时候我都不知道自己在想什么。"

其实没有那么难，特别是当你怀疑听众们并不投入的话，立即说出他们的不快，然后用目标陈述来解决。

示例（出自我的工作坊，"防弹反馈"）："你可能在想这个反馈很危险。如果适得其反怎么办，要是其他人的反应太强烈怎么办，要是以后他表现得更差怎么办？"

4. **"想象一下。"** 可以让听众们想象一些积极的东西（例如，想象一下沿着山路远足）或是消极的东西（想象一下被美洲狮追着跑）。"想象一下……"用场景让听众更加专注。

示例（出自我的工作坊，"全速思考"）："想象一下，我们一起参加自行车比赛。我有一辆单速的黑色施文牌自行车（我从小就骑它），而你有一辆十速自行车。你会一骑绝尘的。"

当我用上面的事例做开场白，它变成一个类比："全速思维就像十速自行车。你可能永远不会用到所有的速度挡位，一旦卡住的时候，请换挡。"

5. **类比。** 如同"想象一下"和"讲故事"一样，形象化是关键。

示例（出自我的工作坊，"明智的问题"）："提出明智的问题就像咔嗒一下打开保险箱。你永远不知道会看到什么，不过很有可能是值钱的东西。"

注意，虽然"明智的问题"是抽象的，但"咔嗒一下打开保险箱"却是具体又形象的。

6. **故事。** 正如我们说过的，故事就像一个微型演讲。故事的第一句话就像演讲的开场白一样，应该吸引观众。

示例（出自我的工作坊，"充满挑战的对话"）："午夜，我刚在酒店房间里安顿下来，电话铃就响了——我知道不是什么好事。"

7. **演示或表演。** 表演胜于雄辩（更多内容请参见第 117 页，"别光讲述——表演一下"）。

示例（出自我的工作坊，"动态演讲"）："我要出去一下，回来的时候，我会给你们表演一下演讲时不该做的事。看看你们能找到多少错误。"

没错，这比仅仅把错误列在幻灯片上要快一些，但它没有演示的效果好。

8. **关键词、数字或短语**。简短比冗长效果好。你如果只说一个词或者数字，而不是一个完整的句子，会产生神奇的效果。

示例（出自我的工作坊，"为职业生涯提速"）："八万一千小时"（暂停）。"八万一千小时"（暂停）。"这大概是你一生要工作的时间。选择一个错误的职业，你会度日如年。"

9. **引语**。如果使用引语，要保证正确使用。

示例（出自我的工作坊，"当领导人讲话时"）："每次讲话，你都在展示自己的领导力。"

前总统演讲撰稿人詹姆斯·休姆斯的这句话，我很喜欢。（在本书的后面内容中查找。）

10. **不同寻常的故事**。给听众讲一些他们不知道的。

示例（出自我的主题演讲，《适应工作》）："每天你会有多少个想法？"（暂停，然后给出答案：）"六万个"。

这里还有另外一个搭配：用问题引发不同寻常的事实。

六万个想法？这就是听众们为什么如此心猿意马，以及你要马上吸引他们注意力的原因。

用非凡的内容给听众惊喜

这些天，由于那部火爆的百老汇音乐剧，所有人都迷上亚历山大·汉密尔顿。

你还记得汉密尔顿是怎么死的吗？

a. 被蛇咬死的

b. 被艾伦·伯尔杀了

c. 被雷蒙德·伯尔杀了

你已经知道正确答案是"b"，作为对蛇格外关注的人，我认为 a 也是一个合理的猜测。

（至于 c，雷蒙德·伯尔，他在希区柯克的电影《后窗》中扮演一个犯罪嫌疑人。他曾以扮演电视角色佩里·梅森而闻名。）

你知道美国其他开国元勋的死因吗？我不知道。但是我们知道汉密尔顿的死因，因为它的不同寻常（变化）。

你是否曾经在开会的时候，因为没有新的或者出乎意料的内容而感到焦躁不安？一位经理对我说："客户在会上很少听我们讲话，他们都和手机长在一起了。"

"开会的目的是什么？"我问。

经理说："要回看方案。"（你可能还记得第二章说过"回顾方案"不是目的，这是一个议程项目。）

"'回看'是什么意思？"我问。

"嗯，我们会前发布了所有重要信息。"他说，"然后我们在会议上详细讨论一下。"

从客户（做听众）的角度来看，这没有什么用。信息他们都知道了。如何解决这个问题？要么改变会议的目标，要么取消会议。

别让他们措手不及——反应慢一些

故意显得迟钝，这样做值得吗？

值得！尽管这样回答，我心里还是有些打鼓，因为人们通常会回答"不"。他们听过太多缺乏热情的演讲。

你也曾经坐在观众席里，假装在听，勉强撑着保持清醒，一直在计算着离会议结束还剩多少分钟或者电脑里还剩多少张幻灯片。

有时候，慢条斯理比闻风而动好使。

珍妮特·耶伦就任美联储主席后，她要去国会做报告，有关联储的半年度货币政策。

她要讲的内容完全可以预见。关键是可以预见。

她说："我是一个明智的央行行长。"回答了"您是明智的央行行长吗？"这个问题。

那么，这是一个什么样的问题？一方面，它是封闭式的，要回答是或不是。回答"不"会很有趣："不，各位议员，我不是一个明智的银行家。我甚至不是一个真正的银行家。"然后，歇斯底里地笑。"我是一个豪放又疯狂的人，装得像个银行家。"继续笑。"只要问问我的同事们，他们就会告诉你——我完全疯了。我控制货币供应。所有的钱，最后一分钱也不放过！"

作为美联储（一个为了应对金融恐慌而创立的机构）的掌门人，你的工作表现和发言都要很明智。耶伦女士，凭借她渊博的知识和丰富的经验，确实做到了。

她当天对议员们称她"不太兴奋"两次致谢。

但她主动提出全天留在国会，这个做法出人意料。

国会委员会负责人对她的提议表示感谢。他说："主席女士，您很幸运。我们不会整日待在这里。"

但是他们逗留了将近六小时。质询时间很长。她也表现出了强大的忍耐力。

那天，耶伦女士的听众不是像你我这样的平民百姓。那是在全球金融市场，掌管着数万亿美元、欧元、日元和人民币的人们，一群极其渴望风平浪静的听众（做听众）。

别光讲述——表演一下

假设你的演讲是关于中国股市的。你说，它一直在下跌。与此同时，听众也睡得快要从座位上滑下去了。

你能让气氛活跃起来吗？考虑下面三个方法：

1. 幻灯片：又是幻灯片。我猜，你会用条形图或曲线图呈现下降趋势，用以说明股市的下滑。

符合常理，这也是它不能叫醒任何人的原因。

（我们稍后会讨论一些使用幻灯片的技巧。）

2.白板：你默默地走到白板或者挂图前，什么都不说，画一个向下的箭头。然后走到一边，指向箭头，说："那就是中国股市。"

其中的窍门是，保持三到五秒钟的沉默。对很多演讲者来说，这并非易事。也正是此方法有效的原因。

3.道具：找一个塑料杯，把它拿在身前，然后说："这就是中国股市。"之后松手。等杯子掉到地上并发出声音。继续讲。（或者，同时播放一些带有细节的幻灯片。）

这几个方法有所不同，从极其常用的幻灯片到不太常用的道具。我建议你使用不一般的方法。记住：稍有不同。

稍有不同会引起注意。此外，你会显得熟练和自信。

不过，请注意，以上三个方法都与"表演"有关。你可能还记得小时候，学校就有一个叫作"表演与讲述"的游戏。它的初衷不仅是给全班同学讲故事，还要表演。

如果说到海滩，你可以拿一个装满沙子的桶，然后给大家分一分沙子。孩子们可以看见沙子，也可以摸到沙子，还可以把沙子倒在别人头上。

表演胜于讲述。我们要在表演中投入感情和自己。表演为普通的商业演讲增添了色彩。

因此，下次演讲时，考虑增加一些表演技巧。试试偶尔使用道具。不用担心道具和演讲的内容是否匹配。

如果空杯子可以代表中国股市，那么用什么道具都可以。下一次演讲时，你也可以是道具。

附言：坏道具：不要把沙子倒在别人头上。这超出了稍微不同的范畴。

另外，一旦大家都开始使用某种技巧的时候，例如，丢掉塑料杯，就别再继续了。它不再稍有不同了。

道具：另一个例子

早上六点，米卡看上去很恼火。

她是微软全国有线广播电视公司的脱口秀节目《早安，乔》的主持人之一。今天早上，另一位主持人——乔和形形色色的嘉宾们正忙着吃垃圾麦片。

我在地下室的椭圆机上，一边锻炼身体，一边看这个节目，试图以此忘记自己正在锻炼。

通常，米卡和乔会争论一些政治话题。但是今天，他们在争论霜麦片、幸运护身符和嘎吱上尉。

最后，米卡抓起所有的麦片盒子，把它们扔进了垃圾桶，乔在旁边说："别以为我不会把麦片从里面拿出来，再吃掉。"

我在想，今天的节目为什么这么有趣？

其中一个原因就是：道具。那些麦片盒子吸引了观众。

你说垃圾食品是好还是坏的时候，只是"讲述"。当你吃霜麦片（或者倒掉它们）时，是"表演"。

表演是形象的。就像看电视一样，它转移了注意力。你暂时忘记了那是早上六点，忘记了你正在椭圆机上锻炼，忘记了其实你应该去睡觉，或者吃很多很多彩色甜麦圈。

正如我们之前已经说过的，大多数商务信息的问题在于它们很抽象并且很难去想象。不好吃，也不好消化。

道具可以解决这个问题。

想象一下，你在做一个演讲，主题是几乎每个公司都会面临的困境：不同的机构或者部门之间无法相互体谅。

我曾经指导一位高管做过类似的演讲。他面对听众（什么都没说），拿了几瓶水，在每个桌子上放了一瓶。

没有人知道他要做什么。大家都聚精会神地看着他。

然后他说："这就是我们的工作方式——单打独斗。"他谈了谈单打独斗的损失，还有一些解决方案。

（如前所述，使用道具时，不必拘泥于字面意思。例如，水瓶可以代表任何东西，甚至可以代表工作中各自为政的抽象想法。）

最后，他收回瓶子，把里面的水倒进一个水罐里。"打破壁垒。"他说……

打破注意力分散的壁垒。试试道具。

要用幻灯片吗？把每张幻灯片看作一个微型演讲

最好的方法如下：

1. 概述一下幻灯片。在进入细节之前，先做一个概述。可以说"我们看到的是……"或者"这张幻灯片是有关……"之类的内容。

当然，你对这些幻灯片已经非常熟悉了，但是听众们是第一次看到。还记得知识偏差吗（第 066 页）？别以为我们知道的比我们实际上知道的多。

做听众。

2. 提供适当的细节（重点）。听众们真正需要知道什么？很可能比你想说的要少得多。

3. 给出关键点。就像演讲本身，每张幻灯片应该有一个最重要的内容。这个短语很不错："这张幻灯片里最重要的是……"

4. 过渡到下一张幻灯片。如果暂时不打算用另一张幻灯片，调暗屏幕的亮度。

我最喜欢这样操作幻灯片：按下笔记本电脑上的 B 键，使屏幕变黑。然后在需要时再次按 B 键继续演示。

你也可以试试。

8
SEC

要用多少张幻灯片呢?

我一般会说十张,只是因为它是一个限定的数字,并且少于一千张。

更好的答案是:看情况。

例如,这取决于听众能否看到你。如果能,少用幻灯片,或者不用。

但是,如果主持网络会议,听众看不到你,那么至少每分钟变换一下幻灯片以确保会议正常进行。

要给他们点东西看看。

更多有关幻灯片上的内容:用三种方法来吸引注意力

假设你正在准备一个有关股市的演讲,名为《市场下跌时如何持股》。

你的主要幻灯片是关于调整的(市场暴跌 10%或更多),如下页所示:

好吧,让我们把它改进一下。

1. 更好的题目

和所有好的大标题一样,题目要引人注目。"有关调整的关键问

有关调整的关键问题

经过调整，股票的购买成本降低了。

调整就像大甩卖！

在下降之前，情况"不对劲"。

现在，至少它们是对的。

题"太平淡了。从下列方法中选一个来强化你的题目：

a. 用一个问题，例如，"明智的投资者在做什么？""凌晨三点是审视你的投资项目的好时机吗？""一天中什么时间恐慌最好？"

b. 煽动性的说法，例如，"四件让你血本无归的事"。

c. 耸人听闻的事件，例如，"从崩盘中恢复过来的平均时长：3.3 年"。

2. 少写字

字越少越好。在示例幻灯片中，我用完整的句子，但这仅仅适用于你用电子邮件把它们发送出去，而不是演示它们的时候。

精简关键字。

苹果公司前任首席架构师、现任咖瓦首席架构师的盖伊·川崎，建议采用10-20-30的原则：不要使用超过10张幻灯片，讲话不要超过20分钟，还有，我最喜欢的是，不要使用小于30号的字体。

30号的字体很大：单词少一些，分散注意力的东西就少一些。

每次播放幻灯片，你都在与幻灯片角逐听众的注意力。如果幻灯片上字数太多，听众会想："我是听他说话还是去看幻灯片？"

他们的解决方法是：梦游。

3. 增加互动

播放幻灯片时，你很愿意保持在"讲述"的模式中，而且完全停不下来。

不要这样做。它会扼杀注意力。相反，让听众们与幻灯片互动。

该怎么做呢？你猜对了，用问题。不要每次，偶尔在播放幻灯片的时候，不要只讲，而是问点什么。

例如，如果我有一个总结上面三种技巧的幻灯片，我会放一张图片，上面是一个昏睡过去的听众。没有别的字，可能要加上这样的标题：《他们睡着了，但你的噩梦开始了》。

然后我会说："我们刚才讲了三种可以唤醒他们的方法：标题、内容和互动。"接下来我会问，"如果只能用其中一个方法，你用哪个呢？"

（我建议三个都用。）

谈论食物

最近，世界卫生组织发布了一些关于肉的负面消息。就是说，肉有致癌性。

这个说法引起了媒体的广泛关注，可能也引起了你的关注。这是为什么呢？为什么某些消息会变成万绿丛中一点红——你为什么能注意到它？

这里有个提示：食物。只要涉及食物，就能吸引人们的注意。你的下一次演讲可能与食物无关。就算与食物无关，也可以时不时提它一下。

我听过一位首席执行官发给全公司员工的语音邮件。"我和孩子们在厨房里，"一开始他说，"做草莓酱。"之后他接着说公司的事情。

第二天，除了草莓酱，我一点也想不起来他说过什么。我甚至都不喜欢果酱。

那位首席执行官可以做任何食物——蓝莓煎饼，煎蛋，一些脆脆的、可能致癌的培根。食物足够吸睛。

总统吃了什么午餐

想想《纽约时报》上一篇有关美国总统为国会领导人们举行午餐会的文章。文章不是关于食物的，但食物是其中最有趣的细节。

报道说："他们吃了香草鲈鱼和南瓜馅饼。"

还有，每位客人带走了六瓶在白宫酿造的蜂蜜麦芽啤酒。

另外，关于政治僵局没有太多进展。

加勒特·奥利弗先生说，有些"苦涩"，而且"很复杂"。

他不是在评论时政，而是在点评白宫啤酒。他是一位酿酒专家。

为了吸引听众，你可能也要成为酿酒大师。寻找增加色彩的方法。

再谈谈食物

为什么只要提及食物就能让大多数商业信息甘拜下风？好吧，一方面，我们就喜欢想吃的，食物很让人劳神：

➡ 我刚刚吃了什么？

➡ 我还能吃点什么？什么时候吃呢？

➡ 一个人每天实际消耗多少食物是合理的？

➡ 为什么冰箱里永远没有好吃的?

➡ 不吃早餐不好吧?

➡ 为什么大家那么喜欢吃羽衣甘蓝?

➡ 谁能推荐一个好的饮食方案?

此外,食物还有另一个优点:它很具体,而且很容易形象化。

有一天,在指导一位高管做演讲时,我一直在想着彩色甜麦圈,我们前面提到过的早餐麦片。(马上还会说到更多的彩色甜麦圈。)

这是一个关于质量成熟度模型的演讲。它是一个重要的主题,但是请注意里面的每个词有多抽象(质量……成熟度……模型)。你很难把质量成熟度模型形象化。当然你也不能吃掉它。

我们之前讲过有关抽象(类比和故事)的问题。让我们用一个生动的例子(关于食物的),来解释抽象与具体之间的区别。

我会说,今天早上,我吃了:

➡ "食品"。非常抽象——在我的词汇表里,它可以是具有食用
    价值的任何物质。听起来让人不舒服。

➡ "一碗麦片",比"食品"强,但仍然很泛化。

➡ "你猜对了,一整盒彩色甜麦圈。"

➡ "两个煮了四分钟的鸡蛋,一块煎培根,橙汁还有牛奶。"

彩色甜麦圈和四分钟的煮蛋很具体,因此它们更有可能吸引观众的注意力并被他们记住。

对于那两个煮四分钟的鸡蛋和培根:不仅很具体,你还可以闻到香味,尝到味道并听见声音(煎得嗞嗞响的培根)。这些出自一本

书，关于约翰·肯尼迪每天早餐吃的食物。

这是那本书里我唯一能记住的东西。如果肯尼迪也吃过很多彩色甜麦圈的话，我也一定能记得住。

食物对人有全方位的吸引力，而普通的商业信息不行。你还是不相信吗？那去谷歌搜索下面的内容：

➡ 花生酱宣言：一条著名的雅虎备忘录，把员工们盲目地追求各种机会比喻为把花生酱涂得太薄。

➡ 三明治技术：一种反馈方法（就是说没有效果），就好像你把重要的信息（肉）夹在空洞的评论（面包）中间。

➡ 瑞士奶酪法：一种时间管理技巧，目的是开启艰难的任务。只需花几分钟，在项目上面戳几个洞。

在难懂的抽象概念上戳几个洞。用生动的文字表达你的意思，无论是借用食物还是其他什么东西。

附言：实际上，我不吃彩色甜麦圈。但是我很欣赏那些洞洞。

掌控会场

以下是七种方法：

1. **不要上讲台**。假设你是会议的第五位发言人，前面四位都站在讲台后面讲话。当你踏上讲台时，讲台对你有强大的引力。

拒绝它的吸引。

听众们想看到你；看到得越多越好。

到更大的舞台上去表现自己。

2. 来回走动。最近，我看到一位高管站着讲了二十分钟话，一动没动。

仿佛屋子里全是要袭击他的野兽，他就像冻在那里了一样。他的样子好像在说："哦，不，我在和一群灰熊说话！"这种状态不好。

所以，走起来，当你想要动的时候，要果断。是时候开始了吗？走到大家的面前，然后就开始。不要犹豫。

3. 有人提问时，请朝着观众的方向，往前走一步。

向前迈一步就可以。它比向后退一步（好像在撤退）或绕着房间转圈（虽然很有趣，可是太奇怪了）好得多。

4. 把手放在身体前面，不是插在口袋里，也不要摸头发和脸部。

5. 手势。手势有三种幅度——小、中和大。可以变换使用。

如果你坐在桌子旁，一个小手势就能指向水罐。中号手势可以拿到它。

用力的大手势会把它碰倒，甚至让它飞出去。

不是吹牛，对于后者，我驾轻就熟。

6. 目光扫过所有人。用眼神打招呼："那边的各位好吗？"你的目光会说话。

如果把听众视为一个群体，你会寡不敌众。但是，把听众视为个体的话，就没有那么多人了。

7. 大声说话。说话时要感觉房间的面积是原本的两倍大，而你想让最后一排的人也能听到你的发言。说话时声音要像打雷一样。

演讲时，让听众能听到你说的话很重要。

打破规则

当《会见新闻界》—— 一个美国最具历史的电视节目——现任主持人接手工作时，他的播音习惯与众不同。我们很快就会说到。

我对前任主持人被换掉并不感到吃惊。他看起来很低落，好像世界的重担终于把他压垮了，让他失去了希望。

"本周的新闻，"他的表情仿佛在说，"真是让人沮丧。"

现在的主持人看起来既乐观又充满活力。在开始的几个月，他有时会发表简短的评论，站在那里（表现不错，如果你可以的话，那就站着），手里拿着卷成筒的纸。

为什么要拿着纸？

我猜他最后会把它展开，然后说一些重要的或出人意料的内容。"四十二。"他可能会说（按照《银河系漫游指南》的说法，这就是生命的意义）。

事实并非如此，那张纸一直卷着。

"把那张纸丢掉，"其他人一定会建议，"它毫无意义，还会让人分心。"

"但是它让我开心。"主持人会说。

确实，当你紧张的时候，手里抓点什么东西（一张纸、一个大教鞭、一只小狗）可以得到抚慰。

但这些判断都是从演讲者的角度做出的，而不是从观众的角度。

为什么不改变一下道具呢？这个星期，拿一张纸。下周，随便从哪个同事那里拿一只鞋子。

你可能认为那张纸会显得他信心不足。有可能。但是也可能是有人建议他用这张纸来抵消一个更糟糕的习惯。抑或这位主持人很自信，根本不在乎这些。

事实是，随着时间的流逝，我逐渐习惯了他手里握着卷起的纸。最近，看到他不再拿着那张纸，我甚至有点想念它。

这就是人性中的一个小瑕疵：它很真实。而且与众不同。

因此，学习并掌握良好的行为规则。然后，时不时打破常规。我们也需要尊重内心的多样性。

| PART 3 |

用存在感吸引
注意力

每次讲话，你都在展示自己的领导力。

——四位美国总统的演讲稿撰写人 詹姆斯·休姆斯

第三部分导读

工作中有些人说话你会听，其他人就不行，有时就是因为他们的存在感。但存在感到底是什么呢？

存在感或者管理存在感（这里可以互换使用）听起来像一个孤注一掷的神秘物质——仿佛要么你全部都有，要么一点没有。

让我们来把它解释清楚。

人们对你的了解是基于观察你的行为，然后推断或者猜测这些行为的意义。

实际上，存在感就是别人根据你的表现做出的一种推断。

既然表现是关键，那我们就从一条重要的心理学原则"表现得好像……一样"开始。例如，没有自信心，你可以表现得很自信（第十一章）。然后，我们会确认十种有助于提升存在感的行为（第十二章）。

这十种行为分为三类：形象（第十三章）包括从非言语行为到"领英"里的个人资料等等。

驱动力（第十四章）是关于获得结果的。例如，你能履行承诺吗，哪怕是很简单的承诺？

气质（第十五章）表现在各个方面，例如对他人的想法做出什么反应，还有在压力下的表现。

好消息是：可以采取行动来提升自己的存在感（还有被大家倾听的概率）。

|第十一章|

表现得好像……一样

如果想拥有一种品质，你要表现得好像已经具备了一样。

——心理学家　威廉·詹姆斯

我说："我认为自己演不出那种情感。"他（希区柯克）坐在那里，说："英格丽，装出那个样子来！"好吧，那是让我受益终身的最好建议。

——女演员　英格丽·褒曼

管理存在感的对立面是什么？

管理缺失。管理缺失听起来是这样的，例如，演讲的时候用借口开场："我不太擅长这个。"你可能会说，"我几分钟前才拿到幻灯片，然后，我身体的左侧整个麻木了。"

你传达出的信息是："各位听众，不要期望值过高。事实上，大家根本不用关注你。大家应该担心你。"

想象一下，如果其他专业人员这样做会是什么样：

机长对乘客们说："天哪，这是我第一次开这么大的飞机。今天我们的航班可能会有点晃。天晓得，我有多紧张。"

医生对病人说："捂住你的嘴，别总咳嗽。我得了一场可怕的肠胃感染，刚恢复过来。我病得太重了，比你这个愚蠢的病要严重得多。"

美国总统对国民说："我以前从未发表过国情咨文，我的日程排得太紧了，完全没有时间休息，一秒钟也没有。这是我迄今为止做过的最糟糕的工作。所以请不要问，'美国的情况如何？'我真的不知道。"

找到医生、机长和总统的相似之处了吗？他们的表现。

罗纳德·里根说过："在椭圆形办公室里，我很多次想过如果没当过演员怎么能做总统这个工作。"

我们不是在谈论专业表演。我们谈论的是"表现得好像……一样"，这是威廉·詹姆斯（他被称为"美国心理学之父"）首先提出的一个有力的想法，随后以"装作你可以，直到你真的可以"这个说法而广为人知。

多年前，一本男性时尚杂志找到一些流浪汉，并对他们进行了改头换面。一番打扮之后，这些人看起来像企业高管。

这就是"表现得好像……一样"，跟我们每天早晨挣扎着从床上爬起来时所经历的差不多。

我们需要梳洗打扮。

里根总统的最佳笑话

出彩的不是笑话本身，而是里根对时机的把握。

在总统任期的第六十九天，有人向他开枪（子弹离他的心脏只有一英寸），他在给妻子讲述暗杀者的企图。

"亲爱的，我忘了躲闪。"他说，这是拳击手杰克·登普西在输掉比赛后说的第一句话。

如果有人朝我开枪，我不敢保证自己还能开得出这样的玩笑。

有时我会抱怨自己伤风感冒或者背部僵硬，但如果有颗子弹寄宿在我心脏旁边，我不会表现得那么轻松。

还有精神创伤。有人开枪打我！用一支枪！最起码，我的感情会受到伤害。

但里根没有。他没有表现得痛苦——这就是他的幽默的含义。"我希望你们都是共和党人。"他和外科医生们开玩笑说。

好吧，他并没有歇斯底里地搞笑。但是，他的表现一定给医生们留下了深刻的印象。

美国人民也是一样——里根的支持率飙升至 73%。

自信：不要犯这三个错误

错误一：设想你知道别人心里想什么。

假如在下一次领导层网络会议中，首席执行官站起来，然后用权威的声音唱出了季度财务报告，给你留下了深刻的印象。但是，你对首席执行官的内心体验一无所知。他可能是非常自信，或者非常紧张，也可能是发疯了。

错误二：设想别人知道你的心里想什么。

假设开会时，你感到很紧张。但是，就算你的心脏怦怦地跳，别人也听不到。就算你心里七上八下，别人也看不到。

通常，别人知道你很紧张的唯一原因，是你想让他们知道。

别那么做。

错误三：设想你应该表现得和其他人一样自信。

"不要用他人的表现去塑造你的内心。"

这是我最喜欢的台词（意译），它出自一本小说，讲的是一位美国总统的医生突然消失了，然后，总统出现了精神问题。对我而言，这像是对医疗保健不当的必然反应。

当我和企业领导人们一起工作时，他们常常在发现一个基本事实的时候，感到很吃惊，这个事实就是：虽然感到不自信，人们可以表现得很自信。

而且，如果总是表现得很自信，最终，就会变得自信。

马上开始表演吧。

| 第十二章 |

十种可以提升存在感的行为：自我评估

我在职业生涯中有九千多个球没投进。输掉了差不多三百场比赛。其中二十六场，大家认为我可以投进制胜球，但我没有。是在比赛中一次又一次的失败成就了今天的我。

——篮球明星　迈克尔·乔丹

"存在感"是个模糊的概念，我们要把它讲得更加具体、更具操作性。

我们可以把下面的十个项目分为三个主题：

1.形象

2.驱动力

3.气质

你做得怎么样？找出两到三个项目。你怎样能做得更好？找出两到三个项目。同事们对你的看法如何？问问他们。

或者，如果你愿意，给每个项目用 1 ~ 10 分来打分（1 分是低；5 分是一般水平；10 分是高）。可以给不同的项目打相同的分数，但不要所有的项目都打 5 分。

用这样的清单来避免过度自我批评很重要。没有人能把所有的事情做好。你的强项是什么？以此为基础发展自己。

注意：这十个项目不是对领导力的定义（做领导需要存在感，因此所有项目均可使用，还有很多不在列表中的项目也很实用。这当然不是定论。管理存在感因不同公司、文化和国家而存在差异）。

这个清单是我从二十五年来为一流公司的高管和经理们进行的咨询工作中总结而来的，尽管没有科学论证，但已在一千多名工作坊参与者中进行过测试。

这是我们要弄清楚的事情：关于你和你的存在感中的哪些要素会让其他人想听你的话或者不想听？这十个项目将为你提供一些有实用价值的建议。

形象：

1.**非言语：**用声音和肢体语言显示信心。（声音：音量、语速、音调、停顿及清晰度。肢体语言：面部表情、眼神接触、姿势、动作和手势。）

2.**视觉：**注意外表、办公室装扮、社交媒体展示以及在正式和非正式环境中的语言和行为，要给自己制定一个高标准。

驱动力：

3.**专注：**在会议和工作中，对于重要事务保持专注。要全程在线。给不同的听众提供恰如其分的细节。

4.**能量**：展现出身体的、情感的和精神的能量（身体能量意味着充满活力；情感能量意味着关怀；精神能量意味着保持警觉）。要一直保持能量。

5.**主动性**：为了不断改进和创新，提出想法和建议。尝试新方法，承担可能产生的风险。要积极主动。

6.**承诺**：做出承诺，履行承诺。为了完成目标而承担责任。忠于自己的价值观。坚持、坚持、坚持。

气质：

7.**谦卑**：承认错误并从错误中吸取教训。寻求并尊重他人的想法和贡献。虚心倾听。分享荣誉。

8.**指挥**：身先士卒。勇于发言。有技巧地坚持自己的意见，既不要带有攻击性，也不要过分地追求人人给你点赞。

9.**乐观**：面对困难和任务，采取积极的态度。想象并传递出一个正面的、可信的前景。

10.**沉着**：在压力下，要表现得镇定。妥善处理紧张的状况。三思而后行，然后临场发挥。适当使用幽默。

当然，这十个项目会相互作用。例如，乐观的态度会产生能量。（曾经感到绝望？那时候的你通常不在高能状态。）

回到三个主题。它们基于听众们想要评估的三个问题（做听众）。

三个主题	基于三个问题
1. 形象	1. 你的外表和声音到位了吗?
2. 驱动力	2. 你取得成果了吗?
3. 气质	3. 你的性格合适吗?

在接下来的几章里，我们会看到有关这十个项目的一些示例，好的和坏的。注意它们产生效果的速度。通常，在几秒钟内。

|第十三章|

形象：用外表和声音去交流

表演不是去做不同的人。它是在一个和你完全不同的人身上去找寻相似之处，然后从中找到自己。

——女演员　梅丽尔·斯特里普

把第十二章中的两项内容搬到这里：

非言语：用声音和肢体语言显示信心。（声音：音量、语速、音调、停顿及清晰度。肢体语言：面部表情、眼神接触、姿势、动作和手势。）

视觉：注意外表、办公室装扮、社交媒体展示以及在正式和非正式环境中的语言和行为，要给自己制定一个高标准。

客户有时会问，十个关于存在感的项目里面哪一个最重要？这取决于听众。你所在公司的其他高管表现如何？他们看重什么？

但在对公司的情况不太了解的情况下，我会选择非言语形式。声音和肢体语言会影响他人的认知（还记得第 2 页的哈丽雅特吗？）。

视觉也关系重大。你的衣着打扮传达出什么信息？你的领英个人资料怎么样？你如何掌控时间——你是守时的人还是总爱迟到？你在工作聚会上的表现如何？

存在感的第一个表现：非言语

注意眼神交流

糟糕的眼神交流真是要命。我在纽约地铁里，一个大块头的肌肉男坐在我对面，他手里拿着一个棒球棒，不断在左手掌上拍。

他好像不太高兴，一直盯着我看，仿佛在说："很明显，都是你的错。"

如果这家伙正在做演讲，假设题目是《如何用球棒解决十个日常问题》，他犯了一个典型的错误：不顾及其他观众，只盯着一个人（我！）看。

当然，地铁里其他人彼此间都没有眼神交流。他们确实没有看着这个家伙。

到底什么是适度的眼神交流？很多人坐错了地铁或是读错了书。

适度的眼神交流不是持续不断的。我给那些一直盯着我看的求职者做过面试，他们根本不把眼神移开。请千万不要那样做。太吓人了。

通常，注视三到五秒钟就可以了；听众的目光要比讲话的人保持稍长的时间。不过，这实际上取决于你在何种环境里，看的人是谁。

也许你在电梯里。抑或你在远足的时候，突然碰到了一头灰熊。要是你和一头灰熊一起上了电梯怎么办？我得说三到五秒钟也有点长，除非你和熊每天一起开车上班。

如果身处文化不太开放的国家，或与真的很害羞的人谈话，三到五秒钟可能太长了。地铁里那家伙看上去并不害羞，所以过了一会儿，我用一种坚定的眼神看着他，告诉他："哥们儿，三到五秒钟结束了。"

然后我看向别的地方，告诉他："我当然也愿意考虑延时。"

他在下一站下车了。我确定这就是我想要的效果……

不要犯这些错误：

➡ 注视时间过长。

➡ 注视时间不够长。（提示：看清对方眼睛的颜色就足够了。）

➡ 在人群中，只注视那些你喜欢的人，或者那些最有影响力的，抑或那些可能有也可能没有球棒的人。

听听你的声音

单调的声音会把你送进监狱吗？

在陪审团对一个大宗内幕交易案做出"所有罪名成立"的裁决后，一名陪审员告诉《华尔街日报》的记者，她对辩护律师的印象：

他的声音"很单调"。他似乎"累了"。

当然，证据也不给力。但是请考虑一下：

1. 如果你是正在制订商业计划的管理者，哪些因素会决定结果？

2. 如果你是外科医生，哪些因素决定了你是否会被起诉？

通常是你的声音。

麻省理工学院的教授亚历克斯·彭特兰证明，无须关注内容，就可以预测能否赢得商业胜利。

不过，他强调了非言语行为是至关重要的，例如声音变化。

同样，即使对医生说的话一窍不通，只要用 40 秒钟听听他们的语气，你就能预测哪些外科医生会被起诉。根据心理学家纳利尼·安巴迪的研究，什么是外科医生最糟糕的语气？专横。

你的声音怎么样？

内幕交易案的律师以为他的声音很不错。事实并非如此。检测声音的最简单方法是语音邮件。录一条新消息，然后评判它。如果给我打电话，你会听到这个："嘿，我是保罗·赫尔曼，5 月 30 日这一周……"我每周更换一次语音留言。这是一个好习惯。因为它让所有人放心，29 号你肯定还活着。

告诉别人你还在世，这不是一件小事。

语音留言？

将留言看作一个微型演讲：你要在几秒钟内给人留下一个

好印象。

我们可以把七种经典的演讲技巧用在语音留言里：

1. 适应听众。即使给一个从未谋面的人打电话，你也要先听完她的留言，再开口。仔细听，然后调整自己的言辞。

如果她说话很快，那你也说快些。如果她的留言很精练，那么你也少说几句。

如果她的留言标新立异，例如，"嘿，我是杰奎琳。我今天在北极被金刚狼追着跑"，照她的方式回应："哦，这场景听起来就像发生在我的办公室里。"

2. 精心组织语言。记下一些关键字，或打个草稿。但不要照本宣科。

任何重要的消息（就算是 30 秒的语音留言）都要有开头、正文和结尾。开场白：你是谁，你打电话的目的；正文：关键细节（如果有的话）；结尾：下一步。

我的电话里有一条来自弗雷德的留言。弗雷德想跟我谈谈，但没说原因。弗雷德这周再次来电。"我打电话来是想跟进一下上周的留言。"

我还没有给弗雷德回电话。对此我感到有些内疚。

3. 提供适量的细节。一般来说，越少越好。

4. 注意你的非言语行为。即使对方看不到你，肢体语言仍然很重要。站起来（更有力量），四处走走（声音更有活力），还有微笑（声音更友好）。

假设你在家里工作，电话另一端的人能否判断出你是否还穿着睡衣？有专家说可以！我不这么认为，但我不会穿着睡衣给任何人打电话。我甚至没有睡衣。

然后是留言内容。它也是一个微型演讲。

5. 保持乐观向上。毕竟，这是一条"向外的"消息。确实，你不想听起来太高兴，但是很多人的声音太低落。

上周，我给一位高管打电话，听到他的留言结尾说"祝你今天过得愉快"。我通常对这样的说法不感兴趣，但是他听起来真的很真诚，我很欣赏他的精神。

另一方面，我真的不确定怎么能过得愉快，这让我感觉更糟糕了。

6. 保持新鲜。例如，像前面提到的，说个日期："嘿，我是泰勒，今天是 5 月 7 日，星期四。"如果那天真是 5 月 7 日，这个方法会特别有效——而你得真的是泰勒。

7. 设置能实现的期待。有些人承诺在 30 分钟内回电。令人敬佩！但是，如果做出这样的承诺，你一定要遵守。

即使这意味着要给弗雷德回电话。

言行一致——除非你不想这样做

打扑克牌的时候，人们称之为"马脚"。

吃过晚餐后，我五岁的女儿想吃冰激凌。

"宝贝，你今天吃糖了吗？"我问。

"没有。"然后她笑了起来，好像在说："你这个白痴，我一天都在吃糖。"

她很快意识到了自己的错误。"等等，爸爸，"她说，"你再问我一次。"

非言语信号。我们观察它们，是因为它们经常"说"出真相，除非你是和一个扑克高手、训练有素的演员或非常老练的反社会者打交道。

当言语和肢体动作不匹配时，你会传递出一条混乱的信息，我们更相信肢体语言。有些杂乱的消息还可以，有的不行。下面有三个例子：

1. **糟糕的混杂信息**：我认识的一位首席执行官从来不笑。他的反馈因此令人感到困惑。

比如，他说你做得很好。话听起来不错，但他平淡的声音和严肃的表情令人讨厌。"干得好"听起来像"不够好"。

"你遇到麻烦了，"首席执行官的肢体语言暗示，"但鉴于你的表现，可能没那么糟。"

2. **中性的混杂信息**：你在办公室里走，看到一个同事。"你好吗？"你问。

然后，在他要说"我得了严重的甲流"之前，你从他身边狂奔到大厅，仿佛在说："我要离你远点，就是现在！"

嗯，这个做法让人迷惑。但是每个人都这样做。

3. 优秀的混合信息：假设你需要说"不"。

你可以很轻松地说："鲍勃，我很乐意为您提供帮助，去组织我们欧洲办事处的团建务虚会。您是对的，我们还没跟公牛赛过跑，我也知道被牛角刺伤或被踩死的概率不大。但我现在真是忙得不可开交。"

其中的信息很清楚：你今天不会参与鲍勃的项目，明天、也许永远都不会。但可以用友好的方式去表达。

一般来说，对于好消息（你被录用了！）或坏消息（你被解雇了！），最好要言行一致。

但有时候，可以尝试使用混杂的信息。当你需要使用坚定而果断的语言，同时又想不影响人际关系，那就用温和的肢体语言。

---

⑧
SEC

不说话的时候如何表达

如果你是演员，在演感情戏的时候这个可能用得上，当你看着自己的爱人，心里想，你的眼睛真迷人。你不用说出来，只要这样想就行了。

没多大用的方法：早餐吃熏牛肉三明治了吗？

思想可以提升（或降低）你的动作和声音的表达能力。为什么不提高它们的附加值呢？

咒语是默默地说给自己的词或者短语，用来激发你所期待的能力，例如自信、活力或镇定。咒语听起来充满异国情调，事实并非如此。你我每天都在一遍一遍想着某些东西。这些反复出现的想法就是咒语，但它们有好有坏。

一些坏咒语：

➡ "我的老板是白痴。"

你经常这样想吗？对——你有一条咒语！

不幸的是，这条"白痴"咒语最终会渗透进你的非言语行为中，别人可以看得清清楚楚，其中也包括你的老板，因此你可能要改掉它。

➡ "我累了。"

早上闹钟响起的时候，我们常常会想，真累。然后，我们尝试计算 X，这里 X 等于我们睡了几小时。对于 X 我们知道的一件事是：不够长。

你注意过吗？告诉自己有多疲惫并没有真正的用处。

你在想："我真的筋疲力尽了。""等等，说完这句话，我的能量突然爆棚啦！"不见得。

既然要用咒语，为什么不试试用一两个积极的呢？假设你正准备去工作面试、绩效评估或者拔牙。你所期望的品格是：信心。要激发这样的品格，试试心里默念"坚强"和"自信"之类的词语一分钟左右。

你可以通过想象某种画面来增强这种感觉，例如，像公牛一样强大而自信（想象一头公牛），或者通过回忆（想想让你感到坚强而自信的经历）。

也可以这样做：像冥想导师一行禅师建议的那样，默念这些词的时候，与呼吸保持同步。例如，"吸气时，坚强；呼气时，自信"。

要简单明了，但可以尝试使用不同的单词。看看哪个带来了积极的感觉？

有时，在影响他人之前，需要先激励自己。

存在感的第二个表现：外表

注意衣着——穿着还是脱掉

你对外表是过分关注还是毫不在意？

示例1：掉以轻心。

一家大型公共会计师事务所的会计师和一位重要客户会晤了三小时，会计师一直穿着大衣。

客户感觉自己受到了冒犯，后来投诉了那位会计师。客户觉得对方迫不及待地想夺门而出。

那位会计师为什么不肯脱掉外套呢？可能因为：

他觉得冷。

他担心有人会偷走外套。

他偷了一件外套。

那其实不是一件外套。只是看起来像外套而已。

示例 2：过分关注。

罗纳德·里根是另一个与大衣有关的故事的主角，那是他初次与戈尔巴乔夫会面。那天，里根想穿一件外套，因为日内瓦的 11 月很冷，而他要出门去迎接戈尔巴乔夫的车队。

但是，经过长时间的争论后，一位顾问说服了里根，让他不要穿外套，理由是如果戈尔巴乔夫露面时没有穿外套，而里根却裹得严严实实，相比之下，里根会显得衰老又体弱多病。

戈尔巴乔夫抵达时穿着外套，还戴着围巾和帽子。他很可能觉得里根看起来很奇怪。

附言：回到会计师那个话题：会面前，他把咖啡洒到了衬衫上，然后一直穿着外套以掩盖污渍。

再补充：刚才的故事是我编的。但是很明显，客户花了不少时间在考虑会计师和他的外套。

社交媒体？不要在领英上犯这样的错误

让我们来说说与职业人士关系最为密切的媒体——领英。你邀请其他人加入朋友圈是一个重要的时刻。四个常见错误是：

1. 从不邀请任何人

嗯，这个不错。没人喜欢遭到拒绝，它迫使你重温中学时光。

我记得中学时暗恋一个叫琳达·S.的姑娘。有天晚上，我终于给她打了一个电话，想跟她约会。

"你到底是谁？"琳达·S.问。

我说："上英语课时，我坐在教室的另一侧。"这样说解释不清我是谁。实际上，甚至连我在哪里都没说清楚。

稍后再说琳达·S.。

同时，好消息是：中学时光结束了。当你邀请他人加入领英时，有些人会接受，有些人不会。这对你而言不是坏事。

2. 时机不对

给琳达·S.打电话时，我选择的时间有问题，当时已经是周六晚上了。

"其实，"琳达·S.说，"我很想去，但是我男朋友已经到我家门口了。"

时机很重要。你的领英邀请是太迟了，还是太早了？

精博通信公司副总裁罗德·休斯说："不要在见面后两小时内邀请别人加入朋友圈。我一般会等到第二天。"他说，"迫不及待发出邀请的人像是跟踪者。"

3. 对所有人发出邀请

假设你早上醒来，决定和欧洲的一位总理建立联系。

"你是怎么认识安格拉·默克尔的？"领英会问，好像已经产生了怀疑。

"同事。"你说。但是，如果她收到邀请（她当然不会），然后告诉领英她从来没听说过你的话，领英会不高兴。你将因此受到惩罚。

"要有原则。"几本网络手册的作者汤姆·辛格说。他说："我的原则是喝咖啡、聚餐或喝啤酒法则，也就是说，没有进行过真正的交谈，我就不会接受链接。"

4. 糟糕的邀请

我有一次颇感紧张的经历："加我"，领英上出现了一个这样的邀请。"我正在将您添加到我的领英朋友圈。请接受邀请。"这听起来不像是个邀请，倒像是个命令。

在领英上，默认的邀请是"我想将您添加到我的工作朋友圈"。但发送这个邀请是一个自动设置。

让你的邀请显得有个性。下面两个示例出自 FischTank 市场营销与公关公司创始人埃里克·菲斯格兰德发送给首席执行官们的邀请：

➡ "和员工在展会上见面——期待更多了解。"

➡ "祝贺你们的盈利公告！未来有营销或者公关的方案需求，请记得我们。"

菲斯格兰德说："我最重要的原则是，永远不使用默认邀请。"很好的原则（变化）。

| 第十四章 |

驱动力：用结果交流

亲爱的总统奥巴马先生：

生活在白宫里最棒的应该是可以像疯子一样到处乱跑吧。我最讨厌的事是工作。

——霍利·王　九岁　家住旧金山

驱动力包括第十二章中涉及的这些内容：

专注：在会议和工作中，对于重要事务保持专注。要全程在线。给不同的听众提供恰如其分的细节。

能量：展现出身体的、情感的和精神的能量（身体能量意味着充满活力；情感能量意味着关怀；精神能量意味着保持警觉）。要一直保持能量。

主动性：为了不断改进和创新，提出想法和建议。尝试新方法，承担可能产生的风险。要积极主动。

承诺：做出承诺，履行承诺。为了完成目标而承担责任。忠于自己的价值观。坚持、坚持、坚持。

专注：我们已经在本书的第一部分中讲过如何聚焦。在这里，我们要谈到有关保持存在感。当你要处理很多任务或者注意力不集中的话，很难有存在感。

能量：你能想象一个缺乏能量的首席执行官吗？要从哪里汲取能量？如何日复一日地保持能量？

能量和专注是互为表里的。充满能量而缺乏专注的人，会表现为兴奋过度，并会妨碍他人。那些全神贯注而缺乏能量的人，知道什么是重要的，却踟蹰不前。

主动性和承诺也要很好地结合在一起。主动性关乎起步，承诺关乎完成。承诺尤其重要，它是能够最快建立或破坏信任的做法之一。

存在感的第三个表现：专注

不要每天查看 74 次电子邮件——尤其在开会的时候

有两周的时间，我一次也没有登录邮箱。当时我正在度假，所以没有查看邮件。

你多久看一次邮箱？根据加州大学的研究人员格洛丽亚·马克的研究结果，对大多数人来说，是每天看 74 次。

也就是说，在两周的假期中，我应该查看 1036 次电子邮件。我没那样做。

有一天，我注意到报纸上一篇关于电子邮件的文章。"这篇文章，"我对妻子说，"说电子邮件将永远不会消失。永远不会。"

我的妻子说："我认为你不应该老想着电子邮件。"

我说："我没看邮箱。只是看人们把它叫作'互联网里的蟑螂'。"

我的妻子说："太恶心了。"

好吧，用蟑螂打比方并不适合所有人，有些人不喜欢任何昆虫。

放假前，我的电脑出现了"害虫"。一位朋友告诉我一个简单的修理方法。"重启电脑，"她说，"如果其他方法都不管用，我的解决方案就是一个：把电脑关掉。"果然，这个方法立竿见影。

想在工作时保持专注，需要定期关机。我的一些客户禁止在会议期间使用电话。为了防止大家陷入绝望，他们增加了"技术性休息"。

一位经理最近对我说："我在开会的时候发短信遭到他们的鄙视，这让我感到惊讶。"

也许你能同时做好几件事，也许不能（神经学家说不能），但是无论怎样，它都会释放出错误的信号。

仅仅保持专注是不够的，还要看起来仿佛你正全神贯注（视觉）。

存在感的第四个表现：能量

先热身，再工作

正如之前说过的，即使你在家工作，也要每天好好自我表现。

你的表现透露出你的情绪，其他人会感受到正能量、负能量或者没有能量。

首席执行官约瑟夫·J.普拉梅里说："我不能有表现糟糕的一天。如果去参加会议，我抱怨——这样不行……你不能有一天不在状态，因为这将影响很多人。"

我们都知道，能量像病毒。

但是，就像唐恩都乐的广告一样，我们有时会在错误的时间醒来。太早了，太黑了。更糟糕的是，到该做甜甜圈的时候了。

你早上的心情如何？一个日常的早晨包括：

➡ 闹钟。我有一个，它每次响的时候，我都吓一跳。想到它有可能不响，我更会吓一跳。

➡ 交通高峰期。你可能把早晨的时间规划得精确到秒。多余的时间？没有。高峰期从起床的那一刻就开始了。

➡ 国际新闻。面对现实吧，没有一条好消息。典型的新闻标题："昨天，发生了一些不好的事情。明天，还会更糟。敬请期待。"

➡ 个人经历。每个人醒来的时候都有至少两三件让自己头疼的事。什么事在困扰你？什么停摆了？健康状况、家庭成员或者家用电器都有可能。

同时，你还要去上班（另一件头疼的事：穿什么！）。不过，让我们从热身开始吧。

怎么做好呢？你有很多选择：运动、音乐，还有冥想。我每天都会做这些事，即使有时要从凌晨四点半开始。我特别喜欢运动，在家多出汗，上班少冒汗。

想要更快的热身方法吗？

1. 微笑（所需时间：几秒钟）

当然，你开心的时候，就会微笑，但是研究表明，颠倒顺序同样有效——微笑会影响情绪（表现得好像……一样）。

详细信息：两名研究人员，塔拉·克拉夫特和萨拉·普雷斯曼在实验中要求一些人微笑，另外一些人不笑，而被试者本人并不知道自己是否在微笑。（说来话长，就是把筷子放在被试者的嘴里。）

随后，研究人员测量了他们的压力。微笑的人群，即使并未意识到自己在笑，也减轻了压力。

如果你微笑的话，也可以……

2. 大笑（所需时间：几秒钟）

我知道，这听起来有些无厘头，它可能是你最不想做的事。和微笑一样，你也许在淋浴时或在上班的路上无缘无故地大笑。嘲笑自己的忧虑，等你认真思考它们的时候，发现一点都不好笑。

这里有个例子：多年来，一位印度医生——马登·凯塔利亚博士致力于推广大笑对健康的益处。（理论上讲，你不需要一直大笑。几秒钟足矣。）

世界上六十个国家和地区设有六千个大笑俱乐部。我一个都没去过，我也不会时常无缘无故地大笑。不过有时候，它是一种有效的热身方法。尤其在我心情不好的时候。

3. 费力的姿势（所需时间：两分钟）

想象两个身体姿势：伸展姿势（例如，向上举起手臂，做出代表胜利的 V 形）和收缩姿势（例如，抱着手机）。第一个姿势需要空间，第二个不需要空间。

根据哈佛大学商学院埃米·卡迪教授的研究，保持伸展姿势两分钟（在与人交流之前，不是说话的时候）既可以增加体内的激素水平，又能提升你的影响力。

详细信息：伸展姿势提高了支配激素（睾酮）水平，同时降低了压力激素（皮质醇）水平。高支配与低压力是整个动物界都需要的强力组合。

卡迪教授的研究表明，在模拟面试中，提前做过拉伸姿势的人表现优于同龄人。

关键是以最佳状态去工作。如果醒来的时候状态不佳，那就先热身。

多动少坐

我喜欢走路。当我需要思考一些难题的时候，我就出去走走。

来回走动时可以不用想让你为难的事，它会让人心情愉悦，我猜这类似于跳上马背，然后从办公室疾驰而出。

不过我经常在走路的时候想出一些办法。

活动身体能给精神、身体和情感充电。想改善情绪吗？加州州立大学心理学教授罗伯特·塞耶建议，试试快走十分钟。走路在他的情绪助推器列表中名列前茅。

想多动动的话，可以买一把特别不舒服的椅子。不幸的是，我的椅子非常舒服，舒适得让你想永远坐着不动。都是椅子的错。

理想的椅子是硬邦邦的，坐上去就觉得难受。你要找那样的款式，你不愿意坐的那种。

附言：我坐在椅子上"一口气"把这些想法写下来。我认为它很能说明问题。

找出"邪恶的秘密"

如果工作不适合你，无论走多远，你还是无法保持状态。你真正想要的是什么？

哈佛商学院前教授、咨询师戴维·梅斯特说："想找到你真正想要的东西，关键在于发现你不愿承认的某些东西。"

"虽然不愿意承认，我很想成为焦点。"好，去找一份可以表现自己的工作。"虽然不愿意承认，我真想做个富翁。"那好，出去挣钱。

梅斯特建议："利用好你的'邪恶秘密'，不要压制它们。"

偶尔有些例外，但大多数秘密并不邪恶，它们充满能量。

真正的困难是：把你的秘密想明白。我从前的工作看起来很散漫，其实并不是。一起来看看：

➡ 在纽约市做邮递员。好工作，大学期间的几个暑假都在干。

➡ 在波士顿推销百科全书。大学毕业后的糟糕工作。干了三十天。

➡ 在剑桥开出租车。干得还行，但有很多负面反馈。即便现在，我开车的时候，乘客也会经常变得焦躁不安。他们似乎想跳车逃跑。

你也想逃脱自己的工作吗？也许你压制了内心的秘密。我的秘密直到后来，在商学院才真相大白。

麻省理工学院斯隆商学院的埃德·沙因教授研究出一个他称为"职业支柱"的概念。沙因教授说，职业支柱是工作中的第一要务。

他找到了八个支柱。第一次看到列表时，其中一个词吸引了我：自主权。

（你可以通过《埃德·沙因的八个职业支柱》找到列表。）

自主权就是我年轻时去做那些工作，还有后来我从事咨询工作的原因（不坐办公室，松散的监督）。自主权就是我的"邪恶秘密"。

你的呢？

留意那些让你充满力量的工作。多做一些。

存在感的第五个表现：主动性

主动性：承担潜在的风险

我的妻子说："你不遵守规则的话，小心鲨鱼咬你。"

我们边吃午餐，边看周日的报纸，我的妻子刚刚读到，一个男人从科德角海滩游出去四百码，然后差点被鲨鱼吃了。

主要规则：只在浅水区游泳。

自从看完电影《大白鲨》，鲨鱼一直位列我的焦虑名单之中。我还没见过真鲨鱼，不过，它们依然在榜上。

事实上，我是个焦虑的人。

莱姆病也上榜了。当然，还有蛇。蜜蜂以前不在名单里，但自从《时代》封面故事里说它们即将消失之后，我把它也加进去了。有了蜜蜂，你显然要担心它们的存亡。

很多焦虑是有关失去自己在乎的东西，例如你爱的人们、身体健康或者遭遇鲨鱼后你的上半身和下半身。

《可预见的非理性》的作者丹·阿里利说："损失厌恶，就是我们对失去的情感反应，它的强度大概是我们对等量的收获所产生喜悦的两倍。"

因此，我们会竭尽全力避免损失。这就是为什么我们宁愿拿着亏损的股票而不愿忍痛割肉去重新投资。还有，我们宁愿坚持做一份痛苦的工作，也不愿换一个可以重新释放我们能量的工作。

但是谨慎行事可能会很危险，就像在酷热难耐的阳光下在沙滩

上坐上一整天，永远不去玩水，而是渐渐死于中暑，因为太阳会要
了你的命。

你上一次冒险是什么时候？没做过冲动的事。没有游出去四百
码，只是踩了踩水。

连锁品牌"美国常住酒店"的首席执行官吉姆·唐纳德说："他
们就那么等着，让做什么就做什么。"为了鼓舞他的九千名员工，他
发放了写有"自由出狱"的卡片。

他想告诉大家：抓住机会。如果搞砸了，没关系。

如果知道自己不会失败，你会尝试吗？每个人都会害怕。即使
这样，有些人会付诸行动。

附言："从 1990 年到 2006 年，死于坑洞坍塌（16 人）的美国人
比被鲨鱼咬死（11 人）的多。"

自我提醒：更新列表。加上大坑。

必须问老板吗？先想想

有一天，一位经理打电话来求助。她希望自己的员工更具主动
性并且更加随机应变，但不知道是什么原因，他们做不到。

她的问题让我想起了有一天，我在巴黎迷失在寻找塞纳河的
路上。

我找了几个人问路。"塞纳河在哪里？"我问。没人知道。显然，
他们从来没听说过塞纳河，或者是听说过，只是不想多说。

我承认我的法语太糟糕了。"请原谅我。"他们可能以为我在说，

"我不会说法语，所以请向我开枪，然后把我丢进塞纳河。"

最后，我自己找到了塞纳河。它有四百八十六英里长，所以根本不会藏起来。

你工作的时候迷过路吗？

你知道，人们无法忍受迷失方向，一秒钟也不行。当他们感到沮丧或是不确定下一步该怎么做时，他们立刻会向领导请示。

其实另一群人更应该寻求帮助，但他们似乎很满足于吃口牛角面包、喝口拿铁咖啡或者不停地原地绕圈。

这两种情况都是危险的。有些领导的指挥方法很极端：要么管得太多，要么管得太少，不考虑员工或者项目本身。

什么时候应该请示，或者获得批准？如果经理没说清楚，先好好想一想。

试着问自己这个问题（越早越好）："你想请示的是哪个类型的问题，还有你希望我处理哪些问题？"

存在感的第六个表现：承诺

承诺你能做到的事，然后兑现

你我每天都在许诺。"下午五点之前，我给您打电话。"你说，或者"周五之前我给您消息。"但是，我们转头就忘记了。

这就是失信于人。

因为失信，我差点弄砸了一桩大生意。

我和我的妻子已经卖掉了房子（快到中午的时候成交的）。买家是一对年轻夫妇，剩下的事是验房。

我们已经搬了出去，我本不应该出现在那里，但是我有几个东西需要清理，还有几个东西要送给买家，其中包括一台多余的冰箱。

冰箱还能用，即使坏了，也值五十美金——这是纳仕达电气公司给出的报价，他们还能免费把它运走。我不知道他们为什么这样做，我不太了解电力行业。电厂需要大量的坏冰箱吗？

看到买主的时候，我跟他们打了招呼，然后朝我的车走去——突然，男的很快跑了出来。

"嘿，"他说，"书架在哪儿？"

我们把一些家具卖给了他们，其中有一个二十美元的书柜。我们还把一些家具捐给了慈善机构。我突然意识到一件很糟糕的事：慈善机构不小心把书架拿走了。

"对不起。"我说，然后告诉他事情的原委。

接下来，我犯了一个错误。"我把冰箱给你，怎么样？"听起来似乎很合理，二十美元变成了五十美元。

"我们连冰箱能不能用都不知道。"他说。你能感觉到信任感瞬间蒸发。

"可以用。"我还提到了纳仕达和他们的五十美元。

那男的一脸狐疑，仿佛整件事是我一手策划的。他的表情告诉我："你对电厂一无所知。"

他说："我真的很需要那个书架。"

最终，我开了一张二十美元的支票，然后离开了。

后来我把这件事告诉我们的房地产经纪人，她说："我不敢相信那男的会那样做。"我同意。

不过，这都是我的错。我许诺过书架，后来却违背了诺言。承诺不是理性的（我们用五十美元换二十美元），它是感性的。

这是你说过的话。

建立信任的最快方法是做出承诺，然后履行承诺。破坏信任的最快方法就是反其道而行。

摔倒了，那就站起来

有一天，我在主持一个管理研讨会，突然一台大电视掉落在我头上。

它不是无缘无故地掉下来的。当整个东西倒下来的时候，我正走到一个很高的架子旁边，电视就放在那上面。不是吹牛，一般来说，得五岁大的孩子才能完成这个把戏。

电视把我砸倒了。在我从地上爬起来之前，会议暂停了几分钟。我感到很尴尬。

我当时在想："大物件绝对不能在会议中间掉在头上。"

好吧。我们很容易摔倒，每个人都遇到过。关键问题是：你用多长时间站起来的？

顶级时装模特杰茜卡·斯塔姆在巴黎走秀时绊倒了。她说："我摔倒了，又站起来了。它碰巧发生了，没什么大不了的。"

富兰克林·罗斯福因病胸部以下麻痹，在 1936 年民主党代表大会上，他在别人搀扶下走上台时跌倒了。他的演讲稿掉了一地。

他对助手说："给我把衣服上的土擦掉，把你的脚从那些破纸上挪开。"

过了一会儿，罗斯福出现在讲台上，鼓舞了现场的十万名观众。大多数人都没有注意到他的蹒跚。

我们都知道，生活总是把你击倒。我呼吁大家快点站起来。

|第十五章|

气质：用恰当的性情交流

生活总是让我们遍体鳞伤，但到后来，那些受伤的地方一定会变成我们最强壮的地方。

——小说家、记者　欧内斯特·海明威

以下是第十二章中有关气质的内容：

谦卑：承认错误并从错误中吸取教训。寻求并尊重他人的想法和贡献。虚心倾听。分享荣誉。

指挥：身先士卒。勇于发言。有技巧地坚持自己的意见，既不要带有攻击性，也不要过分地追求人人给你点赞。

乐观：面对困难和任务，采取积极的态度。想象并传递出一个正面的、可信的前景。

沉着：在压力下，要表现得镇定。妥善处理紧张的状况。三思而后行，然后临场发挥。适当使用幽默。

不同的公司对气质的定义不同。比如，你们公司可能非常看重谦卑，也可能对此完全不在意。

我们可以在气质上增加其他一百个条目（例如，迈尔斯－布里格斯维度，"五大"人格特征或任何跟"情商"有关的东西）。

别把问题复杂化。你的哪些存在感会让其他人愿意听你讲话或者不愿意？这四个项目提出了不同的可能性。

谦卑与指挥是阴与阳的关系。其中的技巧是不要执着于任何一个。

什么时候要退一步，让别人参与进来（谦卑），什么时候要坚持自己（指挥）？人们可能会因为你的过分犹豫不决（过度谦卑）或者太过专横（过度指挥）而将你拒之门外。因此，找到平衡点很重要。

谈论未来的方式能传达出你的乐观。它关乎希望。但你的目标不是每周 7 天，每天 24 小时都要乐观——做得过分反而会导致可信度下降。另外，在某些工作中和某些情况下，预想到最坏的情况是明智的。

沉着是你面对压力时的一种反应。尤其是如果其他人也处于压力之下，沉着是块试金石，人们会记住你的表现。

存在感的第七个表现：谦卑

让其他人感受到他们的重要性

"我今晚要去波士顿！"一位乘客在登机口大喊。

美国航空公司刚刚取消了从费城出发的所有夜间航班。他想登上仅剩的一个航班。

登机口的服务人员说："那趟航班超售了。"

"要是我告诉你，"那位乘客仍旧大喊着，"我是心脏外科医生，必须去波士顿做一个重要的手术呢？"

登机口的工作人员看起来并不为所动。

"如果我告诉你，"乘客继续说道，满脸通红，"我是美国航空公司的总裁呢？"

另一位乘客喃喃地说："我看做手术那事不像真的。"

我就站在旁边，对心脏外科医生还有美国航空公司总裁的说法，还有他的煽动力很感兴趣。他假装自己是个重要人物，而登机口的工作人员不是。一般来说，这种伎俩不会让你飞起来。

考虑一下相反的做法。

捷蓝航空的前任首席执行官戴维·尼尔曼，曾经每周一次去帮忙清理飞机。他还去帮忙卸行李。如果在飞机上，他会为乘客派发小吃和饮料。

这些做法都给人留下了深刻的印象。另一位航空公司的首席执行官，曾经的美国人民捷运航空公司（现在已不复存在）的领导人，曾经说过，旅客登上飞机后看到一片狼藉时，就会联想到发动机维护不当。

你对戴维·尼尔曼的做法怎么看？如果他每年只去帮一次忙，你会认为这是一个噱头。但是，定期来帮忙清理飞机的做法除了让你想到"这些飞机一定非常整洁，发动机也很棒"，还有其他的东西。

他的行动告诉大家，所有工作都很重要，做这些工作的人也很重要。

他对一位记者说过："我们要对别人好一点。尽管有时候一些人不值得被善待。我们还是要这样做，因为我们就是这样做生意的。"

附言：回到美国航空公司值机柜台前的那位心脏外科医生和总裁的话题。不管怎样，那天晚上他登上了飞机。很可能还有其他重要人物也登机了。但是由于天气恶劣，我们留在了费城。

老天似乎并不介意。

使用接受法则

哥伦比亚广播公司首席执行官莱斯利·穆恩维斯说："毫无疑问，这是我听到过的最愚蠢的想法。"

这是他对一个新的节目《幸存者》的想法。穆恩维斯最终同意播出这个节目，并因此大赚了一笔。后来，他主动承认了最初的过激反应。

你对他人的想法和关注点做何反应？想好好活着的话，你要小心点。

你可能很想掩饰自己真实的想法。大错特错。如果每个与会者都这样做，你会被裹挟，当糟糕的想法此起彼伏的时候，那将是一场灾难。

有不同的方法。一位高管坦言："我在公司的声望不好，因为一听到愚蠢的话，我就要说出来。""你能给我什么建议吗？"他问。

我建议他试试接受法则，这种方法源于即兴表演剧场。如果在舞台上有人突然抛出一个想法，那么你的第一反应就是接受它。

我最近参加了一个即兴课堂，老师让我扮演一个九十岁的老糊涂。"这简直是开玩笑。"我想。我一直以为自己像个三十岁的神经科学家。

但在表演结束后，老师说："我一下子就看出你有严重的痴呆症。"

（后来我把这件事讲给我妻子听。她只是点了点头。）

把接受法则用在工作中，意味着首先以积极的态度对待别人的想法、批评或问题。你可以说"这是我喜欢它的地方"，或者"这就是你的想法让我想到的"。

然后再提出你的质疑。

莱斯利·穆恩维斯应该这样说："对我们这些创意行业的人来说，你的想法独具一格。我担心的是没有人看这个节目。"

用你欢迎一个人的方式去对待他人的想法。一些零售商店有专业的迎宾员。想象一个采用相反手段的商店。他们用凶杀案探员替换了所有迎宾员。侦探们不是跟顾客打招呼，而是搜他们的身。

探员问顾客：以前来过这里吗？

顾客回答：没有。

探员问：11 月 2 日晚上七点到八点之间呢？

顾客答：我想没有。

探员说：真的吗？伙计，靠到墙上去。

你可以带着尊重去听取一种想法。这有别于赞同。用令人愉快的方式去否决。（更多关于即兴表演的信息，请参见第186页。）

鼓励"激烈的辩论"

"我们怎么能这么愚蠢？"肯尼迪总统问。

时间：1961年4月，他就任总统还不到一百天。

事件：肯尼迪批准了入侵古巴。由中央情报局装备和训练的一千四百多名古巴流亡者在猪湾登陆。他们很快被对方压倒性的兵力击败。

后来肯尼迪说："我们大多数人以为这样做能成功。"

实际上，"大多数人"是一种错觉，决策者们胆怯了。

时任国务卿的迪安·拉斯克认为这个做法行不通。他后来写道，该计划没有"一丝可以成功的机会"，"但我绝不会明确表示质疑"。

时任国防部长罗伯特·麦克纳马拉后来是用"愚蠢"一词来形容该计划的。但当时他也表示赞同。

为什么没人公开反对？

时任肯尼迪总统特别助理的小阿瑟·施莱辛格说："只有在讨论的氛围中，才有阻止这种冒失行为的冲动。"

施莱辛格给肯尼迪发了一封私人备忘录，表示反对出兵。但是他在会上保持了沉默。

心理学家欧文·贾尼斯把这样的讨论称为"从众"。没有真正的辩论或异议。而且没有故意唱反调的人——那个人一定是罗伯特·肯尼迪事后会捍卫的角色。

相反，在虚伪的赞同包围之下，与会者错误地认为其他人都同意这个倡议。

你参加过这样的讨论吗？

猪湾事件发生后，肯尼迪向他的前任德怀特·艾森豪威尔寻求建议。十八个月后发生了"古巴导弹危机"（猪湾事件应对此负部分责任），肯尼迪团队改变了做法。

艾森豪威尔的建议是什么？你需要激烈的辩论。

存在感的第八个表现：指挥

在主持会议吗？做个指挥官

我们在康涅狄格州的纽黑文火车站停靠的时候，列车长给了我们一个简单明了的提醒。他说，时间还早，所以允许下车。

"但是，"他警告说，"只有六分钟。我们9:41向纽约出发，我的时间是9:41。"

我很赞赏他把9:41重复了几次。还有"我的时间是9:41"那句话，表现出了负责任的态度，似乎也有一点神经质。

你上次没赶上火车或者飞机是什么时候？很少发生，对吧？但是，人们去开会的时候，总是迟到。稍后再说这个。

回到火车的话题。我下车了，是因为我是那些每次看到有关久坐不动的最新研究成果都会焦虑的人之一。

（"他是怎么死的？"我想象有人会问起我，"哦，他从波士顿坐火车去纽约，一直没有站起来活动。然后，他就站不起来了。因为他死了。"）

所以我走下火车，做了一些伸展运动，但我没敢走远，因为这列火车随时可能开走，要是列车长心血来潮，一拍脑门说："出发，现在 9:41——按我的时间！"

下次主持会议时，做个指挥官。

什么意思呢？一方面，弄清楚会议什么时间开始，休息时间何时结束，然后（这是困难的部分）恪守每个时间节点。

当然，有人没到，你就宣布开始或召集大家继续开会，可能令人感到不舒服。但指挥官就要那样做。

做指挥官，要发布命令，表现领导力。这并不是说要支配讨论。

但是，在你主持会议的时候，有时需要集中精力确保火车准时到站，而不是使所有乘客都爱上你。

附言：如果会议超过一小时（大多数会议不需要），必须休息一下——除非你想让半屋子的人因为久坐不动而生病。

如何主持会议（不用经历拔牙）

有时我会给经理们出些主意，让他们的会议进行得更顺利。

但我在私底下，曾经几次身陷与牙医糟糕的会面之中（就是那种坐在座位上不停地扭动）。幸运的是，牙医不在座位上。

成功的会议与痛苦的拔牙经历之间有联系吗？有！与控制力有关。

错误 1：控制过多。你讲话，但是其他人无法参与。

有一天，我问牙医，他这里为什么没有痰盂。我喜欢痰盂。有了它，你（患者）可以不时坐起来，吐一下口水，并且稍做休息。

"我讨厌它们（他们），"牙医小声说，"每一个都讨厌。"他是在说痰盂，还是病人？

我分辨不出来。

我刚想再说几句，他就在我的嘴里放了一根吸水软管。显然，他安排好了，并没有留出吐口水的时间。

好吧。开会的时候，你肯定不希望现场鸦雀无声。如果就你一个人说话，那不是在开会，更像是一次糟糕的牙科治疗。

你为什么要说个不停？

很可能是因为你要说的内容太多，而时间却太少。好吧，为什么不提前发布一些信息呢？

不要在会上倾销数据。相反，以开会为契机，进行讨论和辩论，这样你或者你的团队可以做出决定并付诸行动。

错误2：控制力太弱。每个人都在说话，但是什么事也做不了。

我曾经的一位牙医（也可能是假扮的牙医）问我："你想把牙齿治成什么样？"

除了不失去它们，我真的没有什么目标。我希望这位牙医（或者这个假装成牙医的人）能提供一点有价值的建议。

会议主持人也一样。你不掌控局面的话，大家就可能七嘴八舌，会议不会有任何结果。

要保持控制力，不用支配其他人，但是你要从整体上驾驭会议。从目标开始。你的目标是什么？还有要做出什么决定，谁来决定？

目标要明确。

安排一个计时员（最好能找其他人来做），如果谈话内容跑题了，提醒他们。

提前设置一些基本规则，避免出现麻烦。例如：不要带手机，不要进行无关的对话，还有不要随地吐痰……

好的会议既要有效率（利用好时间），又要有参与性（利用好与会者）。

要实现以上两个目标，进行弹性控制。

拒绝，不要强求

我想把车停在波士顿洛根机场的 E 区。我喜欢 E 区的主要原因是它在室外，因此至少有五五开的概率可以找到你的车。

不幸的是，一个管理员挡住了入口。他说："去 E2 区吧。就在旁边。"

没错，但是要到达那里，必须在机场绕一圈，也就是说，如果你是我，你很有可能最终到达罗得岛。

十分钟后，我没到罗得岛，但也没在洛根机场。不知何故，我飞驰在通往南波士顿的机场隧道上。等我绕回来的时候，E2 区已经关闭了。可笑的是，E 区开放了。

都是我的错。当停车场管理员说"不"时，我觉得他的语气不容协商。

在工作中遭到拒绝或者遇到困难时，你会坚持多久再屈服？

作为销售，你知道"不"通常只是一个开场白。只要你说话客气，试探一下或者追问几句无妨。停车场管理员可能会同意，但我永远也不会知道了。

第二天早上，我发现自己住的酒店为客人提供享用附近体育馆的特权。我拿到体育馆的通行证后，就跑了过去。当时正在下雨，到达体育馆后，我已经被淋湿了。

我给接待员看我的通行证。她说："很遗憾，我们还需要带有照片的身份证件。"

但我吸取了前一天的教训，我问："只用通行证可以吗？我的驾照放在酒店了。"

"不，"她说，"您必须把驾照拿过来。"

我说雨下得挺大的。

接待员说："对不起，您必须回去取。"

我们在"不断重复"中周旋，这是一种小朋友为了获得冰激凌而发明的伎俩。听起来是这样：

孩子：我们想吃冰激凌。

父母：不行。

孩子：我们什么时候可以吃冰激凌?

父母：等太阳出来。

孩子：那什么时候?

父母：永远不会。

孩子：冰激凌，冰激凌，冰激凌!!!

使用不断重复的方法，你心平气和地重复自己的处境。有时候管用，有时候以回到罗得岛而告终。

这次，接待员让我进去了。我们的对话进行得非常友好，但我决定不再要求冰激凌了。

你的工作不是取悦所有人——做你该做的事

前几天，我想到一些自己需要警惕的事情。

我一直在思考美国总统和他们的低支持率。"如果关注民意测验，"奥巴马总统曾经说过，"我就不会竞选总统了。"

嗯，美国总统真的不被民意测验左右吗？乔治·布什在总统任期届满时被问道："您将作为有史以来最不受欢迎的总统之一离任，感觉如何？"

布什回答："我也是最受欢迎的总统之一。"

一点没错，盖洛普的数据显示，布什的支持率在 25% 至 90% 之间浮动。想象一个职位，周一，每个人都爱你；周二，没一个人喜欢你。

我肯定当不了总统。从我周六的瑜伽课上就可以很明显地看出这一点。

老师问道："有从来没有做过瑜伽的人吗？"她对"从来没有"这个词似乎有一丝犹豫，好像这种想法很荒谬。

我是唯一的一个。"太少见了。"她对我说。上课期间，她几乎表扬了每个人。"完全正确，丽莎，"她说，还有，"太好了，迈克尔。你真的做到了。"

我一直希望她会说："保罗，我真不敢相信这是你第一次上课，你真是个天才！"但是没有，每次看到我，她似乎都在皱眉。

我想象了一位陷入困境的美国总统，比如，亚伯拉罕·林肯处在我的位置。林肯受到责骂和嘲笑——他可能会从瑜伽课中受益。我想象林肯像战士似的站在瑜伽垫上，而他的瑜伽老师皱着眉头。林肯会在意吗？我对此表示怀疑。

但是我在意。

中国古代的哲学家老子说："在意他人的想法，你将永远无法摆脱束缚。"

可能吧。但是你身体的某些器官不会不在意。就像练瑜伽一样，不要非做那个姿势不可。

附言：在从艾森豪威尔到奥巴马（截至 2013 年）的十一位总统中，目前美国民众只将其中三位列为"出色或者高于平均水平"。

肯尼迪得分为 74％；里根为 61％；克林顿是 55％。其中两位遭遇枪击；还有一位被弹劾。

存在感的第九个表现：乐观

审视你的期望以及如何将其传达出去

如果你问我妻子我有什么优点，"灵活"不会出现在她的列表中。一天，我迫不及待地把一位老客户对我的评价告诉她。

"显然，"我说，"我是她合作过的最具灵活性的顾问。"

"显然，"我的妻子说，"她从来没有和你一起吃过午餐。"

我妻子这样说是有根据的。我是那种人，点沙拉会要求"把沙拉酱放在一边"，金枪鱼三明治要"不加蛋黄酱"，还有冰茶要"一点点冰"。

但是客户不是在谈论午餐。她不仅在称赞我，而且还想影响我。"我很重视灵活性。"她其实在说，"请继续保持。"

你如何表达期望？

例如，对孩子说"如果你能上大学"或者"当你上大学的时候"，两者之间存在很大的差别。

比如，作为经理，你相信 X 理论。也就是几年前心理学家道格拉斯·麦格雷戈所说的期望，即员工是懒惰而且缺乏动力的。

麦格雷戈的研究发现，Y 理论是相反的期望。与相信 X 理论的经理相比，信奉 Y 理论的经理将创造不同的氛围，并获得不同的结果。

有时候我们会无意识地用非言语方式表达自己的期望。

一个用老鼠（先做个深呼吸）做的令人不安的研究。给实验室技术人员一些老鼠，并告诉他们老鼠必须学会跑迷宫。

需要明确的是，是老鼠在迷宫里跑，而不是实验室技术人员。尽管如果我是实验室技术人员，我肯定想学会在迷宫里跑，或者在走廊里跑，或为我的生命而奔跑——任何可以逃脱老鼠的事情。

一些实验室技术人员得知其老鼠超级聪明，很快就能学会跑迷宫。另外的技术人员则得到相反的信息。可以肯定的是，从第一天起，聪明的老鼠就跑赢了那些笨老鼠。

其实两组老鼠是一样的，唯一的不同（以 X 理论和 Y 理论的方式）是实验室技术人员的期望。

期望对你和他人的行为的影响力比你想象的要大得多。

附言：麦格雷戈的观点并不是让你做全天候信奉 Y 理论的经理。有时 X 理论也是合理的。

再补充：午餐时，加州比萨厨房做的墨西哥玉米饼汤很棒。但是，不要多放玉米片。

别把事情搞砸

当客户提出一些重要的建议时，我正要上台发表主旨演讲。

他说："别搞砸了。"

一听到这句话，我脑子里想到的全是事情搞砸了。我回答："所以你真正想说的是把它们搞定。"

"不，"客户说，"我要说的就是，'别把事情搞砸了'。"

我没有搞砸。但是我一直在想从高空钢索上坠落而亡的钢索艺术家卡尔·沃伦达。

卡尔的妻子后来透露，他当时极其专注于"不要摔下去"。

思想会受到消极因素的干扰。当有人告诉你不要做某事时，很难去想"不要"，而会去想"某事"。

不过，可以通过消极或者积极的结果激励他人（或自己）。

"不要搞砸"的消极作用是恐惧引发的。专注于不让最坏的情况发生。

"搞定它"的积极作用是希望带来的。专注于成就最好的结果。

恐惧还是希望——你更喜欢哪一个？

当我的孩子们十几岁的时候，我把车钥匙交给他们，那时可以对他们说"注意安全"，也可以说，"尽量不要把丰田汽车开到树上"。

我通常建议他们安全驾驶。嗯，之后我为那棵树担忧。

存在感的第十个表现：沉着

受到口头攻击？还击。

如果老板或重要客户对你的表现不满意，你的第一反应是去争论和为自己辩解。你可能错了。

"你说的我同意"这种技巧源于我们刚刚讨论的即兴戏剧。如果你是即兴演员，那么你的工作就是赞同。

观众说："学老虎。"

你不能说："不行，我今天不像老虎。我太臃肿了。我觉得自己是大象，一头在寻找低脂和无麸质食品的大象。"

你应该说："你说的我同意。"从赞同开始。

也许你赞同的是事实。"说得对。"你说。"我没有达到你的期望"或者"这也不符合我们的标准"。

也许你可以认同其他人的感受。"我知道你对我感到失望，能告诉我原因吗？"

如果可能的话，找到一些共识。

某些情况下，也可以说："我不确定自己完全同意"（这里请注意语气）。但要先倾听。

可以采用多种方法来表达赞同。

当有人提出一个棘手的问题时，你可以这样说"我很高兴听到您的问题"，或者"其他客户也提出了同样的问题"，或者"我想如果我是您，也会有同样的疑问"。听到带有攻击性的问题时，可以说："感谢您的坦率。请继续。"

所有这些说法都表达了赞同。如果仅仅回答"我懂了"或"知道了"会怎么样？

它们无法令人满意。你到底懂什么了？如果你的配偶让你去买2％的部分脱脂牛奶时，你买了完全脱脂的。"亲爱的，"你说，"我懂了。"但是你没有正确理解它，对吗？

就是说，"懂了"脱脂过度。要买到多2％的，证明你真的明白了。

当你提出自己的观点（"你说的我同意"里面的"同意"），可以谈谈过去（为什么会发生这种事情）或未来（对此你会做些什么）。也可以两者都谈谈。

谈论过去的时候，要简明扼要。你可以说："我们做得不够好。我能给您讲讲原因吗？"

假设你有十个理由，只说其中两三个重要的就可以。

谈及未来的时候，可以说说你的计划，但不要过分承诺。

不要用"但是"这个词。"但是"就像个杀手，它否定一切。我同意你的看法，"但是"会带来麻烦。我赞同你的看法"和"听起来就好多了，即便你接下来说的话是一样的。

你可能想问："先生，等一下。这种技巧不可能一直好用。"

说对了！这样的技巧，如果机械地使用，听起来很空洞。要发自内心地说，在这样的状态下，寻求共识。你能认同什么？批评你的人不全是妄想症患者。或者他就是……？

附言：还有一件事：如果对方失去礼貌，开始恶语相加，那就改变战术。

采取有策略的暂停

我们已经讨论过演讲中的暂停（第 058 页，"加速或者减速"）。此外，出现以下情况也请暂停：

1. 情绪激动时。假设经理告知你有关晋升的消息："对不起，这次不是你。我们选择了哈丽雅特。"

哈丽雅特？先数到十。还是很激动？数到一万。在说出任何过激的话之前，暂停一下。

2. 提问之后。常见错误：在别人回答第一个问题之前，迫不及待地提出另外一打问题。

"为什么我没有得到晋升？"你问老板，"是因为我的领导能力吗？我的协作能力？还是您不喜欢我的发型？"

3. 在发送电子邮件之前，尤其是带着怒气的电子邮件：《回复：哈丽雅特升职——我恶心到呕吐》。

暂停一下。"呕吐"用对了吗？检查拼写了吗？是否真的需要"回复所有人"？

4. 接听电话之前。谁打来的？哦，不，是哈丽雅特！深呼吸。微笑。然后再接电话。

| 结论 |

下一步

注意你的表演，乔治。大喊一声，再说声晚安，然后离开。

——杰里·宋飞（摘自美国广播公司的《宋飞正传》）

练习

"贝拉克·奥巴马在观看自己的辩论视频时，做了个鬼脸。他在想'这比我预想的还差'。"

那是 2008 年，奥巴马刚刚踏上竞选总统之路。尽管公众普遍认为他是一位极具天赋的沟通者，他知道自己可以做得更好。

成功的人就是这样，他们致力于不断提高。

四年后，首次与米特·罗姆尼进行辩论后，奥巴马总统很可能又做了鬼脸。因为人们一致认为奥巴马惨败。

事实证明，大多数美国总统在谋求连任的第一轮辩论中都会失利。其中一个原因是：缺乏练习。熟并不一定生巧，但能让你变得更好。任何人都会有一个糟糕的夜晚，重要的是第二天做什么。

接下来你会怎么做？忘记完美，只挑一两件事去练习。想想怎样应对下一次会议、下一次谈话，或者下一封电子邮件。有很多 8 秒的时刻；每天都要展现自己。

无论练习什么，表现出你的信息很重要的样子，因为它真的很重要。

然后放手去做

几年前，我为有线电视新闻网的《异常商业》节目做了很多次电视评论员。后来，我雇了一位女演员来评论我的作品。

女演员说了几句恭维的话，我记得差不多有 8 秒钟。然后她提出了一些建设性的意见：

"你要做得更像马龙·白兰度一些。"

我完全相信这一点。我始终相信纠错反馈，尽管有时它毫无意义。有人可能会把它称为性格缺陷，我完全同意。

"你的意思是……？"我问。

"马龙·白兰度最出名的就是口齿不清。他说话的时候好像嘴里含着玻璃弹珠。"

"你想让我在嘴里放几个弹珠吗？"我问。

"不是，"她说，"你说话过于一板一眼。我希望你表现得放松一些。白兰度的态度是，'嘿，我是马龙·白兰度！如果你能听懂我的话，那太好了；如果听不懂，真糟糕'。"

从这个反馈意见中，我得到了一个有关最佳表现的理论。我称之为"松紧度"。

"紧"是要设定高标准并尽力做到最好。成功者对紧很熟悉。紧是一种内心的追求。

"松"是要放手去做并要放松。松意味着一旦开始，无论发生什么，你都要继续下去。松是你内心的"海滩游侠"。

要做到出类拔萃（无论是出席高风险会议还是做日常工作），你需要两者兼备。

如果你要去演讲，紧意味着做好充分的准备。但是，如果太紧绷的话，你讲话会像在读稿，而且听起来很紧张。

松意味着要善于即兴创作。但如果太放松，观众会质疑你的严肃性。

因此，需要把二者组合起来，但不是五五开。从紧开始，投入时间、精力和练习来提升你的表现。

然后，找些弹珠，放松一下。

致谢

感谢我的咨询客户们——我与你们中的一些人合作了很多年。感谢你们让我有机会试验和改进这些技术，并在我使用它们的时候丝毫没有感到惊讶。

感谢 CNBC.com，特别感谢艾伦·沃斯特勒和 boston.com 出版我的快速提示，感谢所有从我的网站订阅这些提示的人，他们偶尔给我发送电子邮件告知它们的价值。

感谢我的经纪人珍妮特·罗森和谢丽·拜科夫斯基。与你们俩合作总是很愉快。

我要感谢埃伦·卡丁，他可能是纽约市反应最快的编辑，当然也是最好的合作伙伴。还要感谢巴里·理查森、米兰达·彭宁顿和珍妮·韦塞尔曼如此得体地推动各项事务。还有我的老朋友罗丝玛丽·凯恩·卡洛，很高兴与她再次合作。

感谢天才的设计师艾梅·莉薇，不吝赐教于我。

出版一本书是一个漫长而复杂的工程。我与很多 AMACOM 的工作人员从未谋面。你们在编辑、制作、市场营销和创意方面的幕后工作使得这本书可以面世。谢谢。